DIE RAUE WESTKÜSTE

An der raueren Westküste geht es etwas ruhiger zu. Die langen Sandstrände sind oft menschenleer. Fangfrische Spezialitäten werden von Fischerbooten in die Küstenorte gebracht und sind ein Genuss für Seafood-Fans. → S. 134

PANORAMASTRASSE GARDEN ROUTE

Südafrikas bekannteste Panoramastraße führt durch abwechslungsreiche Natur und eindrucksvolle Nationalparks. Feine Sandstrände entlang des wärmeren Indischen Ozeans laden in Orten wie Wilderness und Plettenberg Bay zum Baden ein. → S. 172

Uitenhage ○

□
PORT ELIZABETH

○ Mossel Bay

DIE WINELANDS

Die Weinanbaugebiete Constantia, Stellenbosch und Franschhoek sind ein Paradies für Genießer. Hier reihen sich Spitzenweingüter und -restaurants in malerischen kapholländischen Bauten und weitläufigen Gärten aneinander. → S. 146

KARTEN UND PLÄNE

MERIAN
Reiseführer

Kapstadt
Winelands & Garden Route

Sandra Vartan

ZEICHENERKLÄRUNG

⭐ MERIAN Top 10

🚩 MERIAN Empfehlungen

 Im Vorbeigehen
entdeckt

PREISKLASSEN

Preise für ein Doppel-
zimmer mit Frühstück:
€€€€ ab 300 €
€€€ ab 200 €
€€ ab 100 €
€ bis 100 €

Preise für ein drei-
gängiges Menü:
€€€€ ab 50 €
€€€ ab 25 €
€€ ab 15 €
€ bis 15 €

HELLO CAPE TOWN!

DIE THEMEN DER REGION

Aufstieg und Niedergang des Apartheidsregimes – Südafrikas dunkelstes Kapitel 20 | Südafrikas Nationalblume am Tafelberg – Eine widerstandsfähige Schönheit 27 | Südafrikas Literaturszene im Wandel – Schreiben als Protest 32 | Nachhaltig und gesund: Urban Farming – Gärtnern fürden guten Zweck 44 | Der Siegeszug der Springboks im Rugby – Ein Sport, der das Land vereint 52 | Die kulturelle Identität der Kapmalaien – Das reiche Erbe des Bo-Kaap 62 | Afternoon Tea: britische Tradition mit Stil – It's teatime! 74 | Fragen an die Kuratorin im Two Oceans Aquarium – »Jeden Tag einen Unterschied für unseren Planeten machen.« 82 | Robben Island und Nelson Mandela – Die Hölleninsel der Freiheitskämpfer 86 | Die Wohnviertel der Armen: Kapstadts Townships – Die andere Seite der Stadt 100 | Ein Food-Markt für lokale Produkte – Viel mehr als gutes Essen 108 | Walbeobachtung in der Kap-Region – Sanfte Riesen im Visier 138 | Die Winelands und ihre Traubensorten – Pinotage: Südafrikas Nationalrebe 162 | Südafrikas Nationalparks und ihre Bewohner – Auf den Spuren der Big Five 200

TOUREN

Auf der Suche nach den Big Seven im Addo Elephant Park 198 | Genießertour in die Weinstadt Robertson 202 | Walsichtung in Hermanus und De Kelders 204

KAP DER VIELFALT

Mother City ist einer der vielen Namen, den die Einheimischen – die Capetonians – ihrer großartigen Metropole an der Tafelbucht des Atlantiks gegeben haben. Als erste Stadtgründung in der Kolonialzeit hat sich Kapstadt den Titel der Mutterstadt von Südafrika auch verdient.

Die beste Möglichkeit, um die fast schon surreale Schönheit Kapstadts zu erfassen, ist eine Wanderung auf den Lion's Head. Majestätisch thront der »Löwenkopf« über dem noblen Vorort Camps Bay und wird auf der anderen Seite vom Stadtzentrum umschlossen. Nach einer eineinhalbstündigen Wanderung bietet sich ein umwerfender 360-Grad-Blick auf den erhabenen Tafelberg, die pulsierende Mother City und ihre grandiosen Landschaften. Spätestens an diesem faszinierenden Aussichtspunkt gibt es keinen Zweifel mehr daran, dass Kapstadt zu den schönsten Städten der Welt gehört.

Nach magischen Momenten wie diesem fällt es schwer, die Stadt nach wenigen Tagen wieder zu verlassen. So ging es auch mir, als ich vor zehn Jahren zum ersten Mal Südafrikas Spitze bereiste. Nach zwei Wochen im sommerlichen Kapstadt konnte ich mir kaum vorstellen, wieder zurück ins kalte Deutschland zu müssen. Ein kleiner Trost war jedoch, dass ich schon zu Beginn meiner Reise erahnte, dass es hier so viel zu entdecken gibt, dass ein einziger Besuch kaum ausreichen würde, um die Facetten der Kap-Region zu erfassen. Deshalb bin ich jedes Jahr wiedergekommen und entdecke immer noch neue überraschende Seiten der wunderschönen Kap-Region. Denn die Erkundung dieser von der Natur so verwöhnten Provinz bietet unendlich viele Möglichkeiten: In Kapstadts Zentrum spiegeln die diversen historischen Sehenswürdigkeiten und Museen die bewegte Vergangenheit des Landes wider. Und dass hier vieles an Europa erinnert, ist auch nicht verwunderlich: Die europäischen Siedler der Kolonialzeit haben in der Stadt deutlich sichtbare Spuren hinterlassen.

Die Kap-Halbinsel beeindruckt dagegen mit spektakulären Landschaften und Traumstränden. Auf der einen Seite wird sie von den wärmeren Fluten des Indischen Ozeans umspült, auf der anderen Seite rauscht kräftig der kühlere Atlantik. Nur unweit der Stadt liegen die malerischen Winelands mit ihren wunderschönen kapholländischen Bauten. Eine geballte Ansammlung von Spitzenweingütern und Gourmetrestaurants mit bezahlbaren Preisen machen die nahe gelegenen Weinstädte Constantia, Stellenbosch und Franschhoek zu einem Paradies für Feinschmecker. An der Westküste geht es etwas ruhiger zu, die endlosen Traumstrände sind oftmals menschenleer und bieten Ruhe und Erholung. Die Garden Route ist Südafrikas berühmteste Panoramastraße und beeindruckt mit abwechslungsreicher Natur. Neben den vielen landschaftlichen Attraktionen bietet das Kap auch bewegende Tierbegegnungen, die in Erinnerung bleiben – mit den Big Five Afrikas, dem Weißen Hai oder den sanften Riesen, die sich um die »Walhauptstadt« Hermanus tummeln. Südafrikas Slogan »Eine Welt in einem Land« wirkt vielleicht abgedroschen, kaum ein Besucher der Kap-Region wird diesem jedoch widersprechen.

> Durch die Fußball-WM 2010 hat sich in Kapstadt noch einmal viel getan: Neue Einkaufs- und Unterhaltungsmöglichkeiten, Restaurants und Unterkünfte sind hinzugekommen. Der Standard ist hoch, das Angebot lässt keine Wünsche offen.

Die freie Autorin und PR-Beraterin **Sandra Vartan** lebt in Hamburg und reist seit vielen Jahren in die Kap-Region, die sie wie kein anderes Reiseziel immer wieder neu begeistert. Nach ihrem ersten Aufenthalt in Kapstadt zog es sie jedes Jahr zurück – aus Wochen wurden Monate, und schließlich ist Südafrika ihre zweite Heimat geworden.

Keine Scheu vor eiskalten Fluten: Brillenpinguine fühlen sich in den nährstoffreichen Gewässern rund um Kapstadt besonders wohl.

DER ERSTE BLICK AUF KAPSTADT, WINELANDS & GARDEN ROUTE

★ MERIAN TOP 10

Das sind sie – die Sehenswürdigkeiten, für die Kapstadt und seine Umgebung über die Grenzen hinaus bekannt sind.

1 Bo-Kaap
Das muslimisch geprägte Viertel gehört zum historischen Zentrum Kapstadts. In seinen kunterbunten Häusern leben die Kapmalaien – Nachfahren der in der Kolonialzeit aus Südostasien verschleppten Sklaven. → S. 60

2 Tafelberg-Nationalpark
Das weitläufige Plateau des höchsten Bergs von Kapstadt und Wahrzeichen der Stadt beeindruckt mit umwerfenden 360-Grad-Aussichten und einer einzigartigen Natur. → S. 70

3 Victoria & Alfred Waterfront
Das aufwendig umgestaltete ehemalige Hafengelände am Fuße des Tafelbergs bietet vielfältige Einkaufs- und Unterhaltungsmöglichkeiten, Restaurants und Cafés. → S. 80

4 Robben Island
Die berühmt-berüchtigte Gefängnisinsel in der Tafelbucht vor Kapstadt, auf der Nelson Mandela 18 Jahre lang festgesetzt war, ist heute ein Nationaldenkmal mit einem beeindruckenden Museum im ehemaligen Gefängnisgebäude. → S. 84

5 Trendviertel Woodstock
Das Trendviertel beherbergt nicht nur ausgezeichnete Restaurants und Galerien, sondern samstags auch einen der schönsten Food-Märkte der Stadt, in der Old Biscuit Mill. → S. 95

6 Lion's Head
Wer den stellenweise steilen Aufstieg des Rundwanderwegs auf den Nachbarberg des Tafelbergs geschafft hat, wird mit spektakulären Panoramaaussichten belohnt. → S. 114

Der majestätische Lion's Head (s. S. 114) zählt mit seinen knapp 670 m Höhe zu den beliebtesten Aussichtspunkten rund um Kapstadt.

7 Kap der Guten Hoffnung

An der sagenumwobenen Südspitze der Kap-Halbinsel können Wanderer mehr als 1000 Pflanzenarten, viele frei lebende Wildtiere und die beeindruckenden Landschaften des Nationalparks bewundern. → S. 131

8 Bloubergstrand und Table View

Die beiden Küstenorte bieten nicht nur den besten Aussichtsplatz auf den Tafelberg und die Skyline Kapstadts, sie sind auch ein Paradies für Wind- und Kitesurfer. → S. 135

9 Weinrouten in den Winelands

Hochburg für Genießer: Eine Vielzahl an Weingütern und Spitzenrestaurants lockt in bezaubernden Ortschaften mit feinster Kochkunst und edlen Tropfen. → S. 146

10 Panoramastraße Garden Route

Die rund 300 km lange Strecke führt durch wunderschöne Landschaften am Indischen Ozean entlang und gehört zu Recht zu den beliebtesten Panoramarouten Südafrikas. → S. 172

MERIAN EMPFEHLUNGEN

Ungewöhnliche Perspektiven, charmante Orte und feine Details versprechen besondere Augenblicke.

1 Braai
Viel mehr als Essen – das südafrikanische BBQ. → S. 43

2 Two Oceans Aquarium
An der Victoria & Alfred Waterfront können Meeresbewohner aus zwei Ozeanen bestaunt werden. → S. 81

3 Zeitz MOCAA
Kapstadts neues Museumsjuwel für moderne Kunst. → S. 88

4 Watershed
In einer modernen Lagerhalle der Victoria & Alfred Waterfront verkaufen lokale Produzenten ihre Waren. → S. 91

5 Oranjezicht City Farm Market
Auf dem wunderschönen Lebensmittelmarkt wird mit Blick auf den Atlantik geschlemmt. → S. 107

6 Sea Point Promenade
An der weitläufigen Atlantikpromenade treffen sich Spaziergänger und Jogger. → S. 110

7 Signal Hill
Betörende Sonnenuntergänge auf dem »Rumpf des Löwen« neben dem Tafelberg. → S. 110

8 Clifton Beaches
Die vier Strandabschnitte des Nobelortes Clifton gehören zu den schönsten der Region. → S. 114

Der Chapman's Peak Drive (s. S. 122) zwischen Hout Bay und Noordhoek gilt als eine der aufregendsten Panoramarouten weltweit.

9 **Leopard Bar, Camps Bay**
Sundowner mit Meerblick auf der Hotelterrasse. → S. 119

10 **Hout Bay**
Im Hafen des Fischerortes lassen sich Robben aus nächster Nähe beobachten. → S. 120

11 **Chapman's Peak**
Eine der spektakulärsten Panoramastraßen der Welt. → S. 122

12 **Long Beach**
Der längste Strandabschnitt der Kap-Region ist ideal für Spaziergänge oder Ausritte. → S. 125

13 **Boulders Beach**
Am schönen Strand bei Simon's Town können Besucher mit den hier lebenden Pinguinen baden. → S. 129

14 **Kirstenbosch Botanical Garden, Constantia**
Herrliche Gärten mit tollen Konzerten im Sommer. → S. 150

15 **La Colombe, Constantia**
Französisch angehauchte Kulinarik der Extraklasse. → S. 152

DIE REGION KOMPAKT

Sprachen: 11 Amtssprachen (Englisch, Afrikaans sowie 9 weitere Sprachen)
Einwohner: ca. 3,8 Mio. (Metropolregion Kapstadt), ca. 57 Mio. (Südafrika)
Fläche: 2460 km² (Großraum der Metropolregion Kapstadt), ca. 1 220 000 km² (Landesfläche Südafrika)
Kunst und Kultur: mehr als 30 Museen in Kapstadt, daneben Kunstgalerien, Theater und zahlreiche andere Kulturstätten
Universität: Universtiy of Cape Town
Landesvorwahl: + 27
Religion: ca. 80 % Christen, 20 % sonstige oder konfessionslos
Staatsform: Föderale Republik
Staatsoberhaupt: Präsident Cyril Ramaohosa
Regierungssitz: Pretoria
Währung: Südafrikanischer Rand (ZAR)

Lage und Geografie

Kapstadt liegt an der Tafelbucht in der Provinz Westkap (Western Cape Province), die zugleich die Südwestspitze des afrikanischen Kontinents bildet. Umgeben vom Atlantischen Ozean und dem markanten Tafelberg, bietet die Stadt eine einzigartige Kulisse auf einer Fläche von rund 2500 km². Die Provinz ist mit einer Fläche von 129 462 km² etwa so groß wie ganz Griechenland. Sie nimmt ungefähr 11 % der Landesfläche Südafrikas ein.

Bevölkerung

Kapstadt ist mit rund 3,8 Mio. Einwohnern nach Johannesburg (4,4 Mio. Einwohner) die zweitgrößte Stadt in Südafrika. Die größte Bevölkerungsgruppe in der Region bilden die *coloureds*, die sowohl europäische als auch nichteuropäische Vorfahren haben. Nicht zuletzt aufgrund der einzigartigen Geschichte Kapstadts und der vielen Einwanderer ist in der Kap-Region eine der vielfältigsten Bevölkerungen der Welt mit unzähligen Nationalitäten beheimatet.

Politik und Verwaltung

Unvergessen ist die Rede Nelson Mandelas vom Balkon des Rathauses von Kapstadt,

Ein Land mit vielen Kontrasten und Farben: Im »Malaienviertel« Bo-Kaap wird der Anstrich der Häuserfassaden jedes Jahr erneuert.

nur wenige Stunden nach seiner Freilassung am 11. Februar 1990, in der er eine neue Ära für Südafrika ankündigte, die auch das Ende der Apartheid im Jahr 1994 bedeutete. Die Stadt ist in 111 Stadtbezirke aufgeteilt, die aus 24 Gemeinderatsgebieten hervorgehen. Bürgermeister ist seit 2018 Dan Plato von der Demokratischen Allianz, welche die größte Opposition zu Nelson Mandelas ANC-Partei bildet. Bis 2004 war Kapstadt während der Sommermonate Sitz des südafrikanischen Parlaments. Seither tagt dort das Parlament ganzjährig. Regierungssitz ist nach wie vor Pretoria. Die Föderale Republik Südafrika ist eingeteilt in neun Provinzen mit jeweils eigenem Executive Council und Premierminister.

Religion

Rund 80 % der Einwohner Kapstadts sind Christen, wobei ein nicht unerheblicher Teil davon einer der 4000 sogenannten Schwarzen Unabhängigen Kirchen angehört. Kapstadt ist außerdem gleich zweifache Bischofsstadt: Es besteht das römisch-katholische Erzbistum Kapstadt sowie die Diözese Kapstadt der Anglican Church of Southern

Africa. Nach dem Christentum ist der Islam die zweitgrößte Glaubensrichtung in der Metropolregion. Außerdem sind einige Synagogen sowie Hindu- und Buddhistentempel in der Mother City zu finden.

Sprache

Aufgrund der vielen Einwanderer und Bevölkerungsgruppen sind im Alltag der Metropole zahlreiche Sprachen im Gebrauch. Erstsprache in der Region ist allerdings Englisch (knapp 70 %). Daneben sprechen mehr als 20 % der *Capetonians* Afrikaans sowie rund 5 % Xhosa.

Wirtschaft

Südafrika besitzt das höchste Bruttoinlandsprodukt (BIP) in Afrika und damit die fortschrittlichste und stärkste Wirtschaft auf dem Kontinent. Durch den Reichtum an Bodenschätzen ist der Bergbau die größte Exportquelle. Die verarbeitende Industrie ist neben dem Bank- und Versicherungswesen sowie Handel und Gewerbe die größte Stütze des Landes. Südafrika befindet sich auf dem Weg zu einem modernen Industrie- und Dienstleistungsstaat. Kapstadt lebt hauptsächlich vom Tourismus, aber auch von der Textilherstellung so-

Klima (Mittelwerte)

	Januar	Februar	März	April	Mai	Juni	Juli	August	September	Oktober	November	Dezember
Tages-temperatur	27	28	26	24	21	18	17	18	19	21	24	26
Nacht-temperatur	16	17	16	15	13	11	10	10	11	12	13	15
Sonnen-stunden	9	8	8	6	6	5	6	5	5	7	7	8
Regentage pro Monat	7	6	7	10	13	16	16	16	14	11	9	8
Wasser-temperatur	18	19	19	18	17	16	15	14	15	16	17	18

wie dem Export von landwirtschaftlichen Erzeugnissen – allen voran Wein, Obst und Blumen. Die Informationstechnologie erlebt in der Region zurzeit einen großen Aufschwung, unter anderem durch den internationalen Medienkonzern Naspers.

Nebenbei bemerkt

Junges Kapstadt: Laut der letzten Volkszählung von 2011 ist fast die Hälfte der Bevölkerung am Kap unter 25 Jahre alt.

Keine Löwen am Lion's Head: Der Lion's Head, Kapstadts Hausberg neben dem Tafelberg, erhielt seinen Namen nicht, weil dort einst Löwen gelebt haben, sondern weil seine Form die holländischen Siedler im 17. Jahrhundert an einen liegenden Löwen erinnerte.

Schloss am Meer: Südafrikas ältestes Gebäude aus der Kolonialzeit, das Castle of Good Hope, stand einst als sternförmiger Festungsbau, gebaut aus Ton und Holz, direkt am Strand. Im Laufe der Zeit rückte der Bau durch Landgewinnung in der Hafenbucht immer weiter in die Innenstadt.

Begehrte Hotspots: Zwar leben fast die Hälfte der reichen Südafrikaner in Johannesburg, in Kapstadt gibt es aber landesweit die meisten Häuser mit einem Wert von über 20 Millionen Rand (ca. 1,25 Millionen Euro). Die begehrtesten Hotspots der Reichen sind Camps Bay und Clifton. Mehr als 150 Gebäude in der kleinen, windgeschützten Bucht von Clifton sind über 20 Millionen Rand wert. Die Gegend gehört zu den teuersten Afrikas und wird auch »die Meile der Millionäre« genannt.

Cool Runnings: Mit dem Schlitten auf Schnee den Berg hinunter zu rodeln, ist in Südafrika zwar nicht möglich, trotzdem findet sich etwas außerhalb von Kapstadt die einzige Sommerrodelbahn Afrikas – sie ist benannt nach der beliebten US-Filmkomödie aus den 1990er-Jahren.

Das lieben die Südafrikaner: Braai – die südafrikanische Form des BBQs gehört zum Kulturgut und eint das ganze Land. Über Holzkohle werden an öffentlichen Plätzen in Parks oder in privaten Gärten deftige Steaks und Würste gebrutzelt (→ S. 43).

GESCHICHTE

*Die Stadt Kapstadt entstand aus einer Versorgungsstation
für Handelsschiffe, die auf dem Weg von Europa nach Asien
das Kap umfahren mussten. Die Einflüsse von Holländern,
Franzosen und Briten wirken bis heute nach.*

Umfahrung des Kaps, Ankunft der Portugiesen (1488, 1510)
Die erste schriftlich aufgezeichnete Umfahrung des Kaps soll
im Jahr 1488 durch den Portugiesen Bartolomeu Dias stattge-
funden haben. Daraufhin erfolgt die Namensgebung zu **Kap
der Guten Hoffnung**, angeblich durch den portugiesischen
König Johann II., der den von Dias vorgeschlagenen Namen
»Kap der Stürme« verändert.

Bereits 1510 landen Portugiesen mit einigen Handelsschiffen in der Tafelbucht und liefern sich nach Streitigkeiten um
Vieh und Ware eine Schlacht mit den **KhoiKhoi**, einer Gruppe
von indigenen Völkern Afrikas. Bei dieser Auseinandersetzung sterben sämtliche Europäer.

Bau der ersten Versorgungsstation (1652–1666)
Der Niederländer **Jan van Riebeeck** baut eine Versorgungsstation für Handelsschiffe auf dem Weg von Europa nach Indien
für das große Handelsunternehmen Vereenigde Oostindische
Compagnie (VOC) auf. Die erste große Gruppe Sklaven aus
Indonesien erreicht Kapstadt. Weil sich die einheimischen
KhoiKhoi weigern, für die Europäer zu arbeiten, werden Sklaven aus Indonesien, Malaysia, Indien und Madagaskar nach
Südafrika verschifft. Da es jedoch nicht nur an Arbeitskraft,
sondern auch an Frauen mangelt, entwickelt sich im Laufe
der Zeit die heute größte Bevölkerungsgruppe der Farbigen
(coloureds), die von Europäern sowie nichteuropäischen Vorfahren abstammen. Zum Schutz vor den vertriebenen Einheimischen errichten die Europäer schließlich 1666 die Festung
Castle of Good Hope.

Kapstadts bewegte jüngere Geschichte prägt das Stadtbild an vielen Ecken: Ein Graffiti zeigt die Helden der Anti-Apartheid-Bewegung.

Schlachten und Verträge (1806–1822)

Nach der 150-jährigen Herrschaft der Niederländer kommt es zur **Schlacht mit den Briten am Bloubergstrand**. Die Briten erkämpfen den Sieg und erklären die Region später zur britischen Kolonie. Durch den Londoner Vertrag 1814 wird das Land am Kap offiziell **britische Kronkolonie**. Es treten neue Gesetze in Kraft, und Großbritanniens Entscheidung, die Sklaverei abzuschaffen, führt später zum »Großen Treck« der Buren (1835–1854), die mit dieser Entscheidung nicht einverstanden sind und die Region daraufhin verlassen. Englisch wird neben Afrikaans offizielle Amtssprache in Kapstadt.

Gründung und Auflösung des District Six (1867–1966)

Ein multikulturelles Zentrum entwickelt sich als sechster Stadtteil von Kapstadt. Ethnische Minderheiten, freigelassene Sklaven und Immigranten lassen sich hier nieder. Die rund 60 000 Bewohner werden Jahre später aus dem Bezirk vertrieben und unter Vorwänden nach Hautfarbe auf andere Stadtteile verteilt. Diese Maßnahmen gehen als Beispiel für das menschenverachtende Verhalten der Regierung während der

Im District Six Museum (s. S. 67) wird an die Vetreibung der Einwohner des ehemals multikulturellen Viertels erinnert.

Apartheid in die Geschichte ein. Später wird der gesamte District Six zerstört, er liegt bis heute größtenteils brach. Nach und nach soll hier ein neuer Stadtteil entstehen. Das District Six Museum erinnert an die Vergangenheit des Viertels.

Ausbau der Infrastruktur (1870–1890)
Größere Schiffe können nun direkt in der Stadt anlegen. Zuvor hatten starke Winterstürme immer wieder den Schiffsverkehr gestört. 1905 kommt das **Victoria Basin** hinzu, das bis heute im Victoria-Hafen Bestand hat.

Die Infrastruktur der Stadt wird in den 1890er-Jahren immer weiter verbessert. Der Bau eines Wasserkraftwerks erfolgt, es werden elektrische Laternen aufgestellt, und die erste elektrische Straßenbahn wird in Betrieb genommen.

Hochphase der Apartheid (1940er–1980er-Jahre)
Die Rechte der schwarzen Bevölkerung werden immer weiter beschnitten. Die Apartheid beginnt trotz weltweiter Proteste. Mit dem Wahlsieg der Nationalen Partei 1948 erreicht die Apartheid ihre Hochphase. Die schwarze Bevölkerung wird in möglichst weit vom Zentrum entfernte Stadtteile vertrieben. Im Jahr 1956 verliert sie zudem das Wahlrecht. 1960 kommt es im ganzen Land und vor allem in den **Townships** zu Unruhen

und Protestaktionen, bei denen mehrere Menschen ums Leben kommen oder verhaftet werden.

1961 beschließt Südafrika den **Austritt aus dem Commonwealth** und trennt sich damit endgültig vom britischen Einfluss. Neue Gesetze erleichtern es dem Apartheidregime, wahllos Menschen anderer Hautfarben zu unterdrücken.

Haftzeit Mandelas (1964–1990)

Am 12. Juni 1964 wird Nelson Mandela, der Mitgründer der Protestpartei **African National Congress (ANC)** ist, gemeinsam mit seinen Mitstreitern wegen angeblicher Sabotage und Planung bewaffneten Widerstands zu einer lebenslangen Haftstrafe verurteilt. Diese muss er überwiegend auf der Gefängnisinsel Robben Island absitzen. Am 11. Februar 1990 wird Mandela aus seiner langjährigen Haft entlassen und hält nur wenige Stunden später seine berühmte Rede auf dem Balkon des Rathauses von Kapstadt. Staatspräsident Frederik de Klerk hatte zuvor den Befehl zur Freilassung gegeben und zeitgleich auch das Verbot der Partei Mandelas, des African National Congress (ANC), aufgehoben.

Mandela, Präsident des ANC und Südafrikas (1991–1994)

Nelson Mandela wird einstimmig zum Präsidenten des African National Congress (ANC) gewählt und leitet Verhandlungen zur neuen Verfassung und der **Abschaffung des Apartheidsregimes**, die durch Staatspräsident de Klerk 1993 durchgesetzt werden. Beide Staatsmänner erhalten später den Friedensnobelpreis. 1994 werden in Südafrika die ersten demokratischen Wahlen abgehalten. Der ANC gewinnt mit absoluter Mehrheit, und Nelson Mandela wird zum ersten schwarzen Präsidenten des Landes ernannt.

20 Jahre Demokratie (1994–2014)

Am 5. Dezember 2013 stirbt Nelson Mandela mit 95 Jahren. Das ganze Land trauert um *Madiba*, seinen »Vater«. 2014 feiert Südafrika den 20. Geburtstag der Demokratie, die, angeführt von Mandela, das Ende der Apartheid bedeutete.

Hoffnungsvolles Symbol für die junge Demokratie nach dem Apartheidsregime: Die bunte Flagge der Republik Südafrika weht seit 1994.

Südafrikas dunkelstes Kapitel

Vor mehr als einem Vierteljahrhundert wurde die Regenbogennation Südafrika geboren – und erstmals die farbenfrohe neue Landesflagge gehisst, die bis heute ein Symbol der kulturellen und ethnischen Vielfalt ist. Der Weg bis dahin war jedoch lang und steinig, denn vorher herrschte ein strenges Regiment der **Rassentrennung und Unterdrückung,** vor allem gegen Schwarze. Die Apartheid, die fast ein ganzes Jahrhundert anhielt, ist Südafrikas dunkelstes Kapitel, das bis heute seine Schatten auf die moderne Multikulti-Nation wirft.

Seine Anfänge hatte das Regime bereits Anfang des 20. Jahrhunderts. Mehr als 40 Millionen Farbige wurden in den folgenden Jahren von vier Millionen Weißen systematisch unterdrückt. Zu den vielen Einschränkungen der Schwarzen gehörte seit der Hochphase der Apartheid ab den 1940er-Jahren auch, dass sie aus den südafrikanischen Städten verbannt wurden. Multikulturelle Viertel wie der bekannte District Six in Kapstadt (→ S. 67) wurden infolge des *Group Area Acts* von 1950 zu weißen Wohngebieten erklärt.

Der bekannteste Freiheitskämpfer war **Nelson Rolihlahla Mandela**. Schon in jungen Jahren kämpfte er als Jurastudent in der politischen Opposition gegen das weiße Minderheitsregime an und hatte sich die Gleichberechtigung der schwarzen Mehrheit in politischen, sozialen und wirtschaftlichen Angelegenheiten zum Ziel gesetzt. 1944 trat er dem African National Congress (ANC) bei, dessen Vorsitzender er später wurde. Nach Zuspitzung der politischen Lage und mehreren vorausgehenden Haftstrafen und Bannungen wurde Mandelas Anstrengungen 1964 ein Ende gesetzt: Er und zehn seiner Mitstreiter wurden wegen Sabotage und Planung eines bewaffneten Kampfes zu einer lebenslangen Haftstrafe verurteilt.

Während ihrer langen Haftzeit gelang es den Widerstandskämpfern jedoch, sich heimlich auszutauschen und neu zu organisieren. Die Diskriminierung der Schwarzen ging derweil weiter. 1982 wurde die Gemeinschaft des District Six endgültig aufgelöst, mehr als 60 000 Menschen mussten ihre Heimat verlassen. Als neues Gebiet der farbigen Bevölkerung wurden die dezentralen **Cape Flats** errichtet, in denen bis heute die Hälfte der Bewohner Kapstadts lebt.

Mit der ersten demokratischen Wahl Südafrikas, bei der Nelson Mandela zum ersten schwarzen Präsidenten gewählt wurde, endete 1994 die lange Zeit der Unterdrückung. Mandelas Ziel war es, die weiße Minderheit mit der schwarzen Mehrheit im Land zu versöhnen. Dieses zu erreichen, wird jedoch die Herausforderung weiterer Regierungen sein. Andauernde Probleme im Land wie hohe Arbeitslosigkeit, Kriminalität, Bildungsmangel und Rassismus schreiben viele der noch immer bestehenden Ungleichheit zwischen Reich und Arm sowie Schwarz und Weiß zu. Es gibt jedoch auch positive Entwicklungen, wie die Verbesserung der Infrastruktur, des Stromnetzes und des Zugangs zu Gesundheitseinrichtungen für alle Bevölkerungsschichten, die Anlass zur Hoffnung geben, dass Südafrika seinem Ruf als Regenbogennation gerecht wird.

> Mandelas Vater nannte seinen Sohn passenderweise Rolihlahla. Übersetzt bedeutet der Name »Unruhestifter«.

KLIMA

Ihr mildes und trockenes Klima macht die Kap-Region von Frühling bis Herbst zu einem idealen Urlaubsziel. An der Garden Route sorgt mehr Niederschlag für grüne Landschaften, während die Kleine Karoo wüstenartig geprägt ist.

Sonnenparadies Kapstadt

Mit mehr als 3000 Sonnenstunden im Jahr gehört Kapstadt zu den sonnigsten Städten der Welt. Die beste Reisezeit ist während der Sommermonate Dezember bis März, in denen auch die meisten Urlauber ans Kap kommen. Etwas ruhiger geht es dagegen in den ebenfalls empfehlenswerten Jahreszeiten Frühjahr und Herbst zu. Die Temperaturen sinken in dieser Zeit in der Regel nicht unter 15 Grad und pendeln sich tagsüber zwischen 20 und 25 Grad ein. Die einzigen feuchten Monate sind die Wintermonate Juni bis August, wenn vom Atlantik teils größere Kaltfronten über das Westkap ziehen. Die Temperaturen können dann auf fünf Grad sinken, an sonnigen Tagen klettern sie jedoch auch in dieser Zeit bis auf 25 Grad.

Badevergnügen für Hartgesottene

Auch wenn die Kap-Halbinsel mit vielen schönen Stränden aufwartet, bieten diese eher kurze Badevergnügen für Hartgesottene, vor allem auf der Atlantikseite. Der kalte Benguela-Strom sorgt am Atlantic Seaboard für Wassertemperaturen von durchschnittlich 13 Grad. An den Stränden der False Bay und entlang der Garden Route ist der Indische Ozean mit etwa 17 Grad angenehmer zum Baden.

Klimafaktor Wind

Ein entscheidender Faktor für das Klima am Kap ist der Wind. In der kalten Jahreszeit weht er aus Nordwest und sorgt dafür, dass sich regenreiche Kaltfronten vom Atlantik ausbreiten. Im späten Frühling und Sommer bringen Südostwinde dagegen

Einsame windumtoste Sandstrände wie hier im Garden Route National Park
(s. S. 179) prägen die Küsten der Kap-Halbinsel.

trockene Luft in die Region. Im Februar, dem wärmsten Monat
des Jahres, kann heiße Luft aus der Halbwüste Karoo für Hitze-
wellen mit Temperaturen bis zu 40 Grad sorgen.

Bei den *Capetonians* ist der teils heftige South-Easter-Wind
auch als »Kap-Doktor« bekannt – denn er sorgt dafür, dass
Smog und Abgase aus der Stadt vertrieben werden und die Luft
wieder klar wird. Außerdem ist er für das sogenannte »Tisch-
tuch des Tafelbergs« verantwortlich: eine dichte Wolkendecke,
die über das Plateau des Bergs getrieben wird, an seiner Kante
abfällt und sich wieder auflöst – ein faszinierender Anblick.

Zwei Zonen an der Garden Route

Ein Gebirgsstreifen, der sich im Landesinneren von Ost nach
West zieht, sorgt für zwei gänzlich unterschiedliche Klima-
zonen an der Garden Route: Während der Küstenstreifen von
einem milden Klima und regelmäßigen Regenschauern geprägt ist und damit ideale Bedingungen für den dichten Regen-
wald entlang des Indischen Ozeans bietet, sorgt das wüsten-
ähnliche Klima landeinwärts, in der Kleinen Karoo, für eine
ganz eigene Flora und Fauna.

LANDSCHAFT

Kapstadt und seine Umgebung bieten eine landschaftliche Vielfalt, wie sie kaum woanders zu finden ist – von traumhaften Küsten über schroffe Bergmassive, grüne Täler und tropische Wälder bis hin zu einer faszinierenden Halbwüste.

Von Wasser umgeben

Kapstadt ist die Stadt der zwei Ozeane, denn ganz in der Nähe treffen **zwei Weltmeere** aufeinander: der Indische und der Atlantische Ozean. Feine Sandstrände reihen sich an beiden Seiten der Millionenstadt aneinander. Auf der einen Seite die berühmten stadtnahen Traumstrände des Atlantic Seabords mit Clifton und Camps Bay, an denen heller Sand von türkisfarbigem Wasser umspült wird, auf der anderen Seite die wärmeren Badeorte der False Bay und der Garden Route, mit ebenfalls wunderschönen Strandabschnitten. Beide Seiten gehören zu jeder Erkundung der Kap-Halbinsel einfach dazu.

Beeindruckendes Bergpanorama

Das Zentrum der Mother City, die City Bowl, liegt eingebettet in einem einzigartigen Bergpanorama, das durch den majestätischen **Tafelberg** bestimmt ist und die Skyline maßgeblich prägt. Zum Massiv des Tafelbergs gehören neben den Nachbarbergen Lion's Head und Signal Hill, die wegen ihrer spektakulären Aussichten zu den Top-Attraktionen der Stadt gehören, auch die anmutigen Berge der **Twelve Apostles**, die sich entlang der Atlantikküste bis nach Hout Bay erstrecken. Nicht zuletzt diese einzigartige Lage zwischen Meer und Bergen macht Kapstadt zu einer der attraktivsten Städte der Welt.

Grüne Landschaften der Winelands

Kapstadts umliegende Weingegenden sind ebenfalls von zauberhaften Landschaften geprägt. Eingebettet zwischen dramatischen Bergformationen liegen **grüne Täler**, an deren Hängen

Die Bergwelt rund um Kapstadt mit dem Tafelberg-Massiv und dem markanten Lion's Head sorgt für einzigartige Fotomotive.

Weinreben wachsen. Die fruchtbaren Böden der traditionellen **Weinorte** Constantia, Stellenbosch und Paarl, die jedes Jahr erlesene Tropfen hervorbringen, haben diese Region weltberühmt gemacht. Strahlend weiße kapholländische Prachtbauten sorgen für einen schönen Kontrast zum weiten Grün der Landschaft und komplettieren die malerische Kulisse.

Naturvielfalt an der Garden Route

Südafrikas Traumstraße ist von abwechslungsreicher Natur gesäumt. Entlang der Küsten wechseln sich helle Sandstrände, steile Schluchten, tropische Regenwälder und blaue Lagunen ab und bilden mit ihren unterschiedlichen Ökosystemen wunderschöne Kontraste. Rund 30 bis 40 Kilometer weiter landeinwärts verändert sich die Landschaft dagegen maßgeblich: Die trockene, wüstenartige Landschaft der **Kleinen Karoo** steht in extremem Kontrast zur üppigen Vegetation der Garden Route. Verschlafene Dörfer liegen hier vereinzelt in einer fast endlos erscheinenden Weite des südafrikanischen Hochlands, das von den Gebirgsketten der Swartberge, Outeniqua und Langeberg-Range umschlossen wird.

Eine widerstandsfähige Schönheit

Der majestätische Tafelberg ist nicht nur das Wahrzeichen von Kapstadt und seine Top-Attraktion, die Flora und Fauna des weitläufigen Nationalparks gehören auch zu den Meisterwerken der Natur. Rund 1400 verschiedene Pflanzen wachsen hier, die meisten von ihnen kommen nur im Gebiet des Cape Floral Kingdoms vor. Typisch für die Vegetation des Berges ist eine große Vielzahl an Fynbosgewächsen, darunter auch Südafrikas Nationalblume, die Protea. Sie blüht im Frühling und wächst in Höhen von bis zu 2400 Meter. Von insgesamt rund 130 Protea-Arten kommt die Hälfte allein in der Kap-Region vor. Die schönste ihrer Art ist die **King Protea**, die auch das Wappen Südafrikas schmückt. Neben ihrer einzigartigen Farbenpracht haben Proteas eine besondere Eigenschaft: Sie überleben die regelmäßig auftretenden Buschfeuer nahezu unbeschadet und zeigen danach oftmals noch mehr Blütenpracht und Wuchs. Grund dafür sind ihre unter einer dicken, feuerbeständigen Rinde liegenden Knospenanlagen sowie Samen mit harten Gehäusen, die erst nach einem Brand aufbrechen und die Keimung zulassen. Generell ist die Protea an ihre Umgebung optimal angepasst: Ihre festen Blätter haben spezielle Schutzmechanismen gegen Hitze und Trockenheit entwickelt, die es ihr ermöglichen, auch größere Dürreperioden zu überstehen. Ohne diese Eigenschaften hätten die Pflanzen die jüngste Jahrhundertdürre rund um Kapstadt nicht überstanden.

Die Protea ist an vielen Orten von der Garden Route bis zur Westküste Kapstadts zu finden. In den **Botanischen Gärten von Kirstenbosch** (→ S. 150) werden verschiedene Arten gezeigt. In Deutschland sind die südafrikanischen Gewächse besonders im Winter beliebt und werden gern von Floristen eingesetzt.

Farbenprächtige Überlebenskünstler: Die Sträucher der Protea trotzen den rauen Bedingungen in den höheren Lagen des Tafelbergmassivs.

ARCHITEKTUR

Kapstadts Innenstadt zeigt einen spannenden Mix unter-
schiedlichster Baustile – von historischen kapholländischen
und viktorianischen Gebäuden bis hin zu modernen Hoch-
häusern. In den Winelands harmonieren dagegen stilvolle
Herrenhäuser mit der malerischen Landschaft.

Kapholländische Architektur

Prägend für die Region ist der kapholländische Baustil, der im
17. Jahrhundert mit dem Eintreffen der Holländer das Stadtbild
Kapstadts und seine Umgebung maßgeblich veränderte. Er
kam vor allem bei repräsentativen Wohnhäusern und Kirchen
zur Anwendung und zeichnet sich durch weiß gestrichene
Fassaden, elegante, klare Linien und reetgedeckte Dächer aus.
Zu den schönsten Häusern der Stadt gehört das Koopmans-
de Wet House, in dem heute ein Museum untergebracht ist. In
den Winelands findet sich die größte Ansammlung der **Cape
Dutch Architecture**. Fast die Hälfte der dort ansässigen Wein-
güter befindet sich in ehemaligen Herrenhäusern. In der Dorp
Street in Stellenbosch (→ S. 155) gibt es außerdem die längste
Aneinanderreihung von denkmalgeschützten Häusern.

Englische Stilrichtungen

Nach dem kapholländischen Stil prägte ab dem 19. Jahrhundert
– mit dem Eintreffen der Briten am Kap – der georgianische
und viktorianische Baustil die Architektur der Region. Die aus
der Regentschaft von König Georg III. übernommene englische
Bauweise wurde hier jedoch kunstvoller ausgestaltet, woraus
sich ein eigener **Cape Georgian Style** entwickelte. Einige Jahre
später, zu Zeiten Königin Victorias, wurden neue Gebäude im
viktorianischen Stil errichtet. Eine Ansammlung von wunderschön restaurierten Häusern aus dieser Zeit, die mit ihren
kunstvollen schmiedeeisernen Balkonen an die Südstaaten der
USA erinnern, prägt bis heute die Long Street (→ S. 64).

Modern gestaltete Galerieräume auf neun Etagen bieten den spektakulären Rahmen für zeitgenössische Kunst im Zeitz MOCAA (s. S. 88).

Kunterbunte Cottages

Einen Gegensatz zu den traditionellen Gebäuden der kapholländischen und viktorianischen Architektur bilden die bunten **Häuser im Bo-Kaap**. Sie wurden von den ehemaligen Sklaven der Holländer errichtet, von denen viele geschickte Handwerker waren. Sie zeigen einen ganz eigenen Stil, der sowohl verschiedene kapholländische als auch viktorianische Elemente aufweist. Die schönen Cottages fallen bis heute vor allem durch ihre strahlend leuchtenden Farben auf, die das malaiische Viertel an vielen Ecken prägen.

Moderne Bauten

Ein weiterer spannender Kontrast, der das heutige Stadtbild der Metropole prägt, bildet die **postmoderne Architektur** des zentralen Geschäftsbezirks (CBD). Hier bestimmen verglaste Bürogebäude und Hochhäuser das Bild, wie sie auch in anderen Großstädten zu finden sind. Der spektakulärste Neubau Kapstadts steht jedoch an der V&A Waterfront: Das Kunstmuseum Zeitz MOCAA (→ S. 88) erinnert mit seiner grandiosen Architektur an die Hamburger Elbphilharmonie.

KUNST UND KULTUR

Die Kap-Region begeistert nicht nur mit ihren grandiosen Landschaften und interessanten Sehenswürdigkeiten, sondern auch mit einem abwechslungsreichen kulturellen Angebot. Für jeden Geschmack wird etwas geboten.

Entwicklung nach der Apartheid

Das kulturelle Leben Kapstadts konnte sich erst in den 1990er-Jahren (nach dem Ende der Apartheid) entfalten. Zuvor war eine Entwicklung aufgrund von Zensur und Unterdrückung kaum möglich. Mit dem Ende des Regimes konnte sich endlich ein neues Bewusstsein für die eigene Kultur entwickeln, außerdem kehrten nun Künstler aus dem Exil in ihre Heimat zurück oder sie setzten aus dem Ausland neue Impulse. Auch wenn die Mother City im Vergleich zu den renommierten Kulturstätten Europas noch etwas hinterherhinkt, hat sich in jüngster Zeit eine bemerkenswerte Kulturszene entwickelt, die für verschiedenste Vorlieben etwas zu bieten hat.

Hotspot für Kreative

Seit Jahren ist Kapstadt Heimat einer regen Kreativszene und zieht Künstler aus aller Welt an. Viele haben ihre Werkstätten und Ateliers in **Woodstock**, dem künstlerischen Zentrum der Stadt. In den umliegenden Galerien werden die Werke von aufstrebenden und renommierten (süd)afrikanischen und internationalen Künstlern gezeigt. Außerdem kann hier die lebendige Streetart-Szene Kapstadts bestaunt werden. Doch Graffitis und andere Werke junger Künstler sind auch an vielen anderen Orten der Stadt zu sehen und ergänzen die lebendige Kunstszene am Kap, zu der auch die **Townships** ihren Beitrag leisten. Als Kunstzentrum der City Bowl gilt die Gegend rund um die Trendmeile **Bree Street**. Einmal im Monat verwandelt sie sich in eine Art Open-Air-Galerie, wenn die First Thursdays (→ S. 64) gefeiert werden.

Der Fantasie sind keine Grenzen gesetzt: Eine umtriebige Streetart-Szene sorgt in den Straßen Kapstadts für Farbtupfer.

Vielfältige Museen und Galerien

Neben diversen Kunstgalerien zeichnet Kapstadt auch eine breit gefächerte Museumslandschaft aus, die sich ganz unterschiedlichen Themen widmet. Viele Museen sind in denkmalgeschützten Häusern mit einer besonderen Historie untergebracht und beeindrucken schon von außen. Die thematische Vielfalt reicht von den Anfängen der südafrikanischen Geschichte bis zum Wein. Mehr als 30 Museen gibt es allein im Stadtzentrum, weitere verteilen sich auf das Umland.

Musik im Blut

Neben der Kunst spielt auch Musik eine wichtige Rolle in der pulsierenden Stadt. Sie gehört zum Lebenselixier der *Capetonians*, die nicht selten sogar auf offener Straße, in Restaurants oder Geschäften singen oder tanzen. Dass Kapstadts Bewohnern Rhythmus im Blut liegt, zeigen auch die vielen Straßenkünstler, die sich vor allem an der V&A Waterfront versammeln. Neben traditioneller afrikanischer Musik ist **Cape-Jazz** von großer Bedeutung für die musikalische Geschichte der Stadt. Er ist noch heute in den hiesigen Jazzbars zu hören.

Nadine Gordimer war die Grande Dame der südafrikanischen Literatur. Sie wurde 1991 mit dem Literaturnobelpreis ausgezeichnet.

SÜDAFRIKAS LITERATURSZENE IM WANDEL

Schreiben als Protest

Die Literatur Südafrikas ist ein Spiegel der Geschichte des Landes und zeugt von einer Gesellschaft im Umbruch. Während in den Jahren der Apartheid vor allem das Politische im Vordergrund der Literatur stand, rückte danach das Private in den Fokus. Die Themen wurden komplexer, neben positiven, ermutigenden Geschichten entstanden auch bedrückende Erzählungen, die sich mit den vielschichtigen Problemen des Landes nach seiner Befreiung beschäftigen.

Bis Mitte der 1990er-Jahre war die Apartheid das alles bestimmende Thema der Literatur, die in erster Linie zum Zweck des Protests genutzt wurde. In der Hochphase wurde vor allem Lyrik publiziert: Autoren konnten in Gedichten am besten ihre Gefühle und Gedanken ausdrücken. Zu den international bekanntesten weißen Apartheidskritikern gehörte **André Brink** (gest. 2015). Er schrieb sowohl in Englisch als auch in Afrikaans und wollte damit das Regime treffen. Sein 1979 in London veröffentlichter Roman »A Dry White Season« wurde umgehend verboten, Jahre später wurde er mit hochkarätiger Hollywoodbesetzung verfilmt. Immer wieder verarbeitete Brink historische Stoffe und gilt als ein wichtiger Vertreter des magischen Realismus. Er war mehrmals für den Literaturnobelpreis und Booker Prize im Gespräch. Der in Kapstadt geborene Autor **John Maxwell Coetzee** wurde für seine bedeutsamen Darstellungen der sozialen und politischen Missstände als erster südafrikanischer Autor sowohl mit dem Literaturnobelpreis als auch mit dem Booker Prize ausgezeichnet. In den 1980er-Jahren galt Coetzee als einer der meistbeachteten Autoren. Am bekanntesten sind seine Romane, darunter »Schande«, für den er den Booker Prize erhielt. In seiner Heimat wurde Coetzee Konturlosigkeit in politischen Fragen vorgeworfen, im Ausland ist er nach wie vor gefragt.

Als erste Südafrikanerin erhielt **Nadine Gordimer** 1991 den Literaturnobelpreis. Die 2014 verstorbene Autorin gilt als Grande Dame der südafrikanischen Literatur und war eine der politisch aktivsten Schriftstellerinnen aller Zeiten. Schon früh schrieb sie gegen die Arroganz und Vorherrschaft der weißen Machthaber an. Während sie in ihrem Heimatland missachtet wurde, verehrte man sie im Ausland als Symbol des literarischen Widerstandes und für ihr großartiges episches Schreiben. Zu ihrem in 30 Sprachen übersetzten Lebenswerk gehören 15 Romane sowie zahlreiche Kurzgeschichten und Essays.

> »The best way a writer can serve a revolution is to write as well as he can.«
> Nadine Gordimer

Nach dem Ende der Apartheid, die literarisch weiter nachwirkte, erlebte das Sachbuch einen großen Boom. Mandelas Biografie »Long Walk to Freedom« war der bisher erfolgreichste Bestseller des Landes. Heute ist die Literaturszene Südafrikas von einer neuen **Generation junger Autoren** geprägt, die mit alten Traditionen gebrochen haben. Eine Welle des Enthusiasmus, geleitet vom Interesse an eigenen Geschichten, veränderte die Literatur. Zu den neuesten und beliebtesten Büchern aus Südafrika gehören die spannenden Krimis von Deon Meyer, die auch ins Deutsche übersetzt wurden.

MUSEEN UND GALERIEN

Die Mother City weist eine vielfältige Museumslandschaft auf, die sich der ereignisreichen Historie der Stadt widmet und großartige Kunst zeigt. Daneben lohnen auch die kleineren Museen in den Winelands einen Besuch.

Kultur und Geschichte

Kapstadts dunkelstes Kapitel, die Apartheid, wird in zwei bedeutsamen Museen aufgearbeitet. Das **District Six Museum** (→ S. 67) dokumentiert das Leben des einstigen multikulturellen Viertels. Die ehemalige Gefängnisinsel **Robben Island** (→ S. 84) wurde durch ihren berühmtesten Häftling, Nelson Mandela, weltbekannt. Auf einer Tour über die Insel kann auch die frühere Zelle *Madibas* besichtigt werden.

Der **Bartolomeu Dias Museum Complex** (→ S. 174) mit dem Maritimen Museum in Mossel Bay widmet sich einer anderen bedeutsamen Epoche. Es zeigt einen Nachbau des Schiffes, mit dem Bartolomeu Dias im 15. Jahrhundert als Erster das Kap der Guten Hoffnung umsegelte. Die Geschichte der von der Niederländischen Ostindien-Kompanie etablierten Sklaverei dokumentiert die **Slave Lodge** (→ S. 68).

Weitere Museen mit historischem und kulturellem Schwerpunkt sind das **Village Museum** (→ S. 156) in Stellenbosch, das **Huguenot Memorial Museum** (→ S. 165) in Franschhoek sowie das **Afrikaanse Taalmuseum** (→ S. 170) in Paarl, das sich der Entstehung des Afrikaans widmet. Um die Geschichte des Weinbaus geht es im Museum von **Groot Constantia** (→ S. 149).

Kunst und Design

In der **South African National Gallery** (→ S. 69) gibt es eine umfangreiche Sammlung afrikanischer Kunst zu bestaunen – von traditioneller Stammesmalerei bis zu kreativen Werken

Die South African National Gallery gilt als wichtigste Kunstadresse in der Mother City: Gezeigt werden hauptsächlich Werke afrikanischer Künstler aller Epochen.

aus den Townships. Das neueste Highlight der Stadt, das **Zeitz MOCAA** (→ S. 88), beeindruckt nicht nur mit zeitgenössischer afrikanischer Kunst, sondern auch mit einem spektakulären Bau. Die Kunst des Diamantenschleifens thematisiert das **Cape Town Diamond Museum** (→ S. 85).

Wechselausstellungen und Galerien

Bei den **First Thursdays** (→ S. 64) wird Kapstadt zur pulsierenden Kunstmeile. Hunderte Kunstinteressierte feiern auf den Straßen und strömen in die lange geöffneten Galerien. Moderne Kunst gibt es außerdem in der **Goodman Gallery** (→ S. 94) zu sehen, die eine feine Auswahl südafrikanischer und afrikanischer Werke zeigt. Nicht weniger renommiert für zeitgenössische Kunst ist die **SMAC Gallery** (→ S. 156), die in Stellenbosch Exponate von bekannten und aufstrebenden nationalen sowie internationalen Künstlern ausstellt.

Natur und Technik

Eine beeindruckende naturwissenschaftliche Sammlung, unter anderem mit riesigen Walskeletten, zeigt das **South African Museum** (→ S. 70). Wer sich für Astronomie interessiert, sollte an einer der wenigen geführten Touren des **South African Astronomical Observatory** (→ S. 96) teilnehmen.

MUSIK

Musik ist ein fester Bestandteil der kulturellen Identität Südafrikas. Aus vielen Ecken der Mother City ertönen Rhythmen ganz unterschiedlicher Art, die sich im Laufe der ereignisreichen Geschichte entwickelt haben.

Musik aller Arten

Südafrikaner lieben Musik, die ein nicht wegzudenkender Teil ihres Alltags ist. Während bei den Urafrikanischen Volksgruppen noch verschiedene Stammestraditionen erhalten geblieben sind, zu denen auch eindringliche Chorgesänge und Tänze gehören, haben in der Stadt längst diverse Stilrichtungen aus aller Welt die Musikszene bereichert. Zu den beliebtesten Gattungen gehören neben traditionellen afrikanischen Klängen vor allem Jazz, Gospel, aber auch Pop, Rock, Reggae, Rap, Soul sowie House und Techno. Einen genuin südafrikanischen Musikstil gibt es nicht. Vielmehr haben sich im Laufe der Zeit verschiedenste Musikkulturen miteinander vermischt.

Jazz als Identitätsstiftung und musikalische Basis

Viele musikalische Stile, die heute im südlichen Afrika zu hören sind, haben ihre Wurzeln im Jazz, der hier eine besondere historische Bedeutung hat. Ursprünglich eine Underground-Bewegung war er zunächst **Ausdruck des Widerstands** und der Identität der schwarzen Bevölkerung. Die musikalischen Vorbilder kamen aus Europa und den USA, vor allem die Musik Louis Armstrongs war prägend. Doch auch der traditionelle **Cape-Jazz** hat sich mittlerweile weiterentwickelt: Heute bezieht er moderne Folk-Elemente und auch andere Stilrichtungen wie Klassik mit ein. In Kapstadts schönen Jazzbars können Musikliebhaber den bis heute beliebten Rhythmen lauschen. Ein besonderes Highlight ist das alljährliche Jazzfestival (→ S. 38), bei dem lokale und internationale Größen vor Zehntausenden begeisterten Fans auftreten.

Von jeher galt Musik als Ausdruck von Widerstand und Lebenslust: Rhythmus, Tanz und Gesang sind aus dem Alltag der Kapstädter nicht wegzudenken.

Kwela, Kwaito und Klassik

Neben dem südafrikanischen Jazz und dem durch ihn beeinflussten **Kwela**, der in den 1950er-Jahren in den Townships entstand, hat eine weitere Musikrichtung eine wichtige Bedeutung im Land: **Kwaito** wurde in den Jahren nach der Apartheid von jungen schwarzen Musikern entwickelt. Der völlig eigene, mitreißende Stil kombiniert die Elemente ganz unterschiedlicher Musikrichtungen (darunter Jazz und Hip-Hop) mit der typischen Musik aus den Townships. Neben diesen modernen Stilrichtungen gibt es in Kapstadt aber auch eine wachsende Anhängerschaft von klassischer Musik. Das älteste Orchester des Landes ist das **Cape Town Symphony Orchester**, das unter anderem im schönen Konzertsaal der Old Town Hall auftritt. Eine einzigartige Kulisse bieten im Sommer die Open-Air-Konzerte in den Botanischen Gärten von Kirstenbosch (→ S. 150). Dem vielfältigen Programm, das von Klassik bis Rock und Pop reicht, kann hier bei einem entspannten Picknick im Grünen gelauscht werden.

FESTKALENDER

Januar
Cape Town Minstrel Carnival
Das Kapstädter Pendant zum Karneval in Rio wird mit einem bunten Festumzug gefeiert, an dem unterschiedlichste Musikgruppen teilnehmen.
2. Jan., www.capetown-minstrels. co.za

The J & B Met, Kapstadt
Bei dem jährlich stattfindenden Pferderennen weht ein Hauch von Ascot durch die Mother City.
Ende Jan., www.jbscotch.co.za

Stellenbosch Wine Festival
Besucher des Weinfestivals können während einer Erkundungstour durch die Stadt erlesene Weine und exzellente Speisen testen. Das älteste Fest dieser Art im Land geht über drei Tage.
Jan. oder Feb., www.stellenbosch winefestival.co.za

Februar
Cape Town Pride Festival
Beim Fest zu Ehren von Kapstadts bunter kultureller Vielfalt treffen im Company's Garden die die LGBT-Community und die unterschiedlichen Bevölkerungsgruppen der Kap-Region aufeinander.
um den Tag der Menschenrechte, www.capetownpride.org

März/April
Cape Town Cycle Tour
Mit knapp 40 000 Teilnehmern gehört dieses Radrennen zu den größten Sportveranstaltungen der Stadt. Die 105 km lange Strecke führt rund um die Kap-Halbinsel und zählt zu den schönsten Touren der Welt.
Anfang März, www.cycletour.co.za

Cape Town International Jazz Festival
International und lokal renommierte Jazzinterpreten stellen im Rahmen dieses Festivals ihr Können bei vielen Konzerten unter Beweis.
Letztes März- oder 1. Aprilwochenende, www.capetownjazzfest.com

Two Oceans Marathon
Der beliebte Marathon verläuft 56 km entlang der schönen Route rund um die Kap-Halbinsel. Die Teilnehmer

werden dabei von begeisterten Zuschauern entlang der Strecke bejubelt.

Ende März/Anfang April, www.twooceansmarathon.org.za

Mai
Cape Gourmet Food Festival

Dieses Festival ist ein absolutes Muss für Feinschmecker: Zwei Wochen lang tischen die Spitzenköche der Kap-Region feinste Kreationen für Besucher auf.

Mitte Mai

Juni
Wacky Wine Weekend

Das Fest in Robertson ist das größte regionale Weinfestival in Südafrika.

Anfang Juni, www.wackywineweekend.com

Juli
Knysna Oyster Festival

Hier steht die Spezialität der Küstenstadt im Fokus: fangfrische Austern satt! Neben Kochwettbewerben und unterhaltsamen Wettessen finden auch diverse Sportveranstaltungen im Rahmen des Festivels statt.

Anfang bis Mitte Juli, www.oysterfestival.co.za

Franschhoek Bastille Festival

Das historische Fest in der Gourmethauptstadt Südafrikas feiert das Erbe der Hugenotten. Dabei werden die besten Weine und Speisen der Region aufgetischt.

Mitte Juli (So um den 14. Juli), www.franschhoekbastille.co.za

Cape Town International Fashion Week

Bei der Kapstädter Modewoche werden die besten Kreationen des Landes vorgeführt.

Ende Juli, www.afi.za.com

September
Hermanus Whale Festival

Der Küstenort Hermanus feiert die Rückkehr der imposanten *Southern Right Whales* (Südkaper) in die südafrikanischen Gewässer.

Ende Sept. (oder Anfang Okt.), www.hermanuswhalefestival.co.za

Oktober/November
The Big Walk

Wer sich sportlich betätigen und dabei einen guten Zweck unterstützen möchte, sollte sich zu einem der 5 bis 80 km langen Streckenläufe dieses Events anmelden.

Okt. oder Nov., www.bigwalk.co.za

KULINARIK

Die Küche am Kap ist genauso vielfältig wie seine Bewohner und wurde von der bewegten Historie geprägt. Neben der europäischen haben vor allem die malaiische und indische Küche viele südafrikanische Spezialitäten beeinflusst.

Koloniale Einflüsse

Die Ursprünge der Regenbogenküche Südafrikas gehen auf die Kolonialzeit und die ersten europäischen Siedler zurück. Seefahrer, Kolonialherren und Einwanderer haben ihre Rezepte aus Europa und Asien mitgebracht und diese im Laufe der Zeit mit den heimischen Gerichten kombiniert. Die typische Ernährung der ursprünglichen Bewohner bestand hauptsächlich aus Früchten, Blättern, Nüssen, Fisch und Fleisch sowie *pap*, einem Brei aus Maisgrieß, der heute noch zu den Grundnahrungsmitteln gehört. Mit den Einflüssen der Portugiesen, Holländer und Engländer, aber auch der eingewanderten Hugenotten, Malaien und Inder veränderte sich die Kulinarik Südafrikas und wurde immer vielfältiger.

Kulinarischer Schmelztiegel

In Kapstadt findet sich heute eine enorme Auswahl an Restaurants, die Gerichte aus aller Welt anbieten. Kaum ein Land der Welt scheint hier nicht vertreten zu sein. Gastromeilen wie die belebte Long Street wirken wie ein Schmelztiegel der Kulturen und ihrer unterschiedlichen Küchen. Neben afrikanischen Restaurants, die traditionelles Essen anbieten, eröffnen regelmäßig neue Trendläden, die vorrangig lokale Produkte verarbeiten und **moderne Fusionsküchen** anbieten. Daneben gibt es von chinesischen Dim Sums über italienische Pizza und Pasta bis hin zu mexikanischen Tacos so ziemlich alles, was das Herz begehrt. Die Qualität der Speisen ist fast überall überdurchschnittlich hoch – schlecht essen scheint in Kapstadt und Umgebung fast unmöglich zu sein.

Die Gastronomie zählt zu den Besuchermagneten der Stadt. Auch die zahlreichen offenen Garküchen in den Straßen gehören dazu.

Take-aways und Fine Dining
Neben der kulinarischen Vielfalt gibt es auch große Unterschiede, was die Preise angeht. Bei den Einheimischen sind besonders günstige Schnellrestaurants und Take-aways beliebt, die einfache Mahlzeiten zum Mitnehmen anbieten. Viele treffen sich in den kleinen Cafés der Innenstadt, die zum Teil auch eine Auswahl an hervorragenden **Mittagsgerichten** anbieten, die an kleinen Buffets zusammengestellt werden können. Daneben wartet eine Vielzahl an gehobenen Restaurants, die erstklassiges Essen und Fine Dining anbieten. Die Dichte an Gourmetrestaurants ist insbesondere in den Winelands hoch. Die Preise sind auch hier fair, vor allem in Anbetracht der hohen Qualität und im Vergleich zu europäischer Spitzengastronomie.

Kapmalaiische Spezialitäten
Einen besonderen Einfluss auf die lokalen Spezialitäten hat bis heute die malaiische Küche, denn ab dem 17. Jahrhundert brachten Sklaven, die aus dem früheren Ostindien verschleppt wurden, ihre kulinarischen Vorlieben in die Kap-Region. Zu den traditionellen Gerichten gehören fruchtig-pikante **Currys**,

Südafrikaner lieben es deftig: Beim traditionellen »braai« kommen verschiedenste Fleischspezialitäten der Region auf den Grill.

verschiedene **Gemüse- und Fleischeintöpfe** und *bobotie*, ein scharf gewürzter Hackfleischauflauf. Die besten authentischen Gerichte der kapmalaiischen Küche gibt es dort, wo sie ihren Ursprung haben: im Bo-Kaap, das bis heute die Heimat der Kapmalaien ist. In den Restaurants des bunten Viertels wird noch weitestgehend traditionell gekocht, außerdem bieten Kochkurse von Einwohnern eine hervorragende Möglichkeit, in den Genuss der schmackhaften Küche zu kommen.

Süße Köstlichkeiten

Neben deftigen Gerichten sind auch die traditionellen Süß-speisen ein fester Bestandteil der malaiischen Küche. Am be-liebtesten sind *koeksisters*, ein sehr süßes, frittiertes Gebäck. Daneben gehören vor allem *melktert* (englisch *milk tart*) und *malva pudding* zu den traditionellen Süßigkeiten. Beide haben einen **kapholländischen Ursprung** und stammen ebenfalls aus der Kolonialzeit. Die *milk tart* ist ein köstlicher Kuchen aus Mürbeteig, mit einer cremigen, puddingartigen Füllung aus Milch, Zucker und Ei. Im 17. Jahrhundert soll das Rezept in Anlehnung an die holländische *mattentaart* entstanden sein. Der *malva pudding* ist dagegen weniger ein Pudding, sondern viel mehr ein weicher Kuchen, der mit Eis, Vanillesauce oder *amasi* (einer vergorenen, sauren Milch) serviert wird.

Braai – Südafrikas BBQ

Neben ihrem Faible für Süßes hegen die Südafrikaner vor allem eine große Leidenschaft für Deftiges – genauer gesagt für Fleisch, das in traditioneller Weise gegrillt wird. Das *braai*, die südafrikanische Form des amerikanischen BBQ, ist fester Bestandteil der Kultur und wird von den Einheimischen besonders am Wochenende nicht nur zu Hause, sondern auch an öffentlichen Grillplätzen zelebriert. Zu den traditionellen Fleischspezialitäten gehört die *boerewors*, eine zur Schnecke aufgerollte, kräftig gewürzte Bratwurst. Außerdem kommen (vor allem in Restaurants) feine Steaks, hauptsächlich vom Rind, aber auch Wildspezialitäten wie *ostrich* (Strauß) oder Kudu (eine Antilopenart) auf den Grill.

Probieren kann man die Grillspezialitäten unter anderem in den Filialen des **Hussar Grill**. Seit mehr als 50 Jahren werden in den Traditionshäusern feinste Grillspezialitäten serviert.

Camps Bay, 108 Camps Bay Drive (u. a.) | www.hussargrill.co.za

Fangfrisches Seafood

Neben feinen Fleischspezialitäten spielen auch die lokalen Köstlichkeiten aus dem Meer eine wichtige Rolle auf den Speisekarten der Kap-Region. Zu den besonderen Delikatessen gehören, neben den klassischen Fischsorten wie *kingclip* oder *cape salmon*, vor allem Austern und *crayfish* (eine Art Hummer). Diese werden insbesondere in den Küstenorten der Westküste und an der Garden Route fangfrisch angeboten.

Sundowner und andere Trinkgenüsse

Neben dem hochwertigen Speisenangebot hat sich in der Kap-Region auch eine gepflegte Trinkkultur etabliert. Dazu gehört nicht nur der Genuss von ausgezeichneten **Weinen**, sondern auch die britische Tradition des Sundowners. Traditionell werden zum Sonnenuntergang Gin-Tonic-Getränke oder Whiskeys genossen. Das beliebteste Getränk, insbesondere der schwarzen Bevölkerung, ist und bleibt jedoch **Bier**, das meist nach deutschem und englischem Reinheitsgebot gebraut wird.

Liebevoll gepflegte Gartenprojekte spielen in der Nahrungsmittelversorgung der Kapstädter eine immer größere Rolle.

NACHHALTIG UND GESUND: URBAN FARMING

Gärtnern für den guten Zweck

In den letzten Jahren ist in Kapstadt nicht nur ein starkes Bewusstsein dafür entstanden, welche Nahrungsmittel auf den Teller kommen, sondern auch für ihre Herkunft. Daraus hat sich eine Vielzahl von **städtischen Landwirtschaftsprojekten** entwickelt, die weit mehr als nur eine gesunde Ernährung fördern. Weil die Beschaffung von Lebensmitteln alle etwas angeht, haben sich die Initiativen zum Ziel gesetzt, Menschen unterschiedlichster Herkunft zu vereinen und einen Beitrag zur Verbesserung der Lebenssituation von sozial Benachteiligten zu leisten. Durch die Schaffung von wichtigen Arbeitsplätzen, vor allem in den präkeren Townships, tragen sie inzwischen sogar zur Armutsminderung und wirtschaftlichen Weiterentwicklung der Stadt bei.

Neben vielen kleineren privaten Projekten gibt es auch staatliche Maßnahmen und Initiativen in diesem Bereich.

Mehr als 200 Gemeinschaftsgärten werden allein in Kapstadt unterstützt. Einen wichtigen Beitrag leisten aber auch die NGOs (Nichtregierungsorganisationen) der Stadt, die mehr als 100 Projekte subventionieren.

Ein gutes Beispiel für die positive Wirkung von Urban Farming ist das wohltätige Projekt **Abalimi Bezekhaya**. Es unterstützt mehr als 200 Gemeinschaftsgärten und ermutigt Bewohner der Township-Gemeinschaften, ihr eigenes Gemüse anzubauen. Damit wird sozial Schwächeren der Zugang zu gesundem Essen ermöglicht und eine zuverlässige Einkommensquelle geschaffen. Viele der sogenannten Mikro-Farmer (kleine Gruppen von drei bis acht Bauern, von denen ein Großteil Frauen sind) bauen mittlerweile so viel Gemüse an, dass sie damit ihre Familien versorgen und sogar noch etwas an die lokale Gemeinschaft abgeben können. Weil es lange Zeit jedoch keine Möglichkeit gab, das nach strengen ökologischen Richtlinien angebaute Gemüse außerhalb der Gemeinschaft zu verkaufen, wurde das Projekt **Harvest of Hope** (Ernte der Hoffnung, www.abalimiharvestofhope.org.za) ins Leben gerufen, das ähnlich funktioniert wie das bekannte Konzept der Bio-Boxen. Die Erträge der Bauern werden wöchentlich an Abonnenten abgegeben. Um die Beziehung zwischen Erzeugern und Konsumenten zu stärken und die Produktion transparent zu halten, haben Abonnenten jederzeit die Möglichkeit, die Bauern zu besuchen und mit ihnen gemeinsam Hand anzulegen. Das Projekt ist so erfolgreich, dass inzwischen mehr als 3000 Landwirte daran beteiligt sind. Sämtliche Einkünfte der Organisation fließen in die Entwicklung und Unterstützung der Bauern.

Wer sein eigenes Obst und Gemüse anbauen möchte, kann das auch auf der **Oranjezicht City Farm** (www.ozcf.co.za) mitten in Kapstadt tun. Auf dem schönen Gelände der gemeinnützigen Organisation kann jeder ganz einfach das Gärtnern erlernen. Besucher sind von montags bis samstags zwischen 8 und 14 Uhr dazu eingeladen, mit anzupacken. Sie werden von den dort tätigen Farmern eingearbeitet. Auf dem eigenen Markt an der V&A Waterfront werden jeden Samstag die Produkte der lokalen Bauern verkauft (→ S. 107).

KULINARISCHES LEXIKON

abalone: Seeohrmuschel
appetizer: Vorspeise
asparsje: Spargel
atjar: Früchte mit Zwiebeln, in Currysoße konserviert

baby marrows: Zucchini
bacon: Speck
beans: Bohnen
beef: Rind
beskuit: Zwieback
biefstuk: Rindersteak
biltong: Trockenfleisch
blatjang: gewürzte Soße in Flaschen, wie Chutney
bobotie: Lammhackfleisch mit Reis oder Kartoffeln
boerewors: gewürzte Mettbratwurst der Boere (Buren)
bread: Brot
bredies: Gemüseeintopf
biriyani: Reisgericht, ähnlich wie Nasi Goreng
butternut: Kürbisgemüse

catch-of-the-day: fangfrischer Fisch
cauliflower: Blumenkohl
chips/french fries: Pommes frites
clams: Venusmuscheln
codfish: Kabeljau

coleslaw: Krautsalat
crayfish: lokale Langustenart

dates: Datteln
dessert: Nachtisch
dinner: Abendessen
dish of the day: Tagesgericht
drank: Getränk
dry wine: trockener Wein
dumplings: Klöße

eent: Ente
egg: Ei
eiers: Eier
– gekookte: gekocht
– gebakte: gebraten
eierfrug, eggplant: Auberginen
ertappel: Kartoffel

fish soup: Fischsuppe
fried: in der Pfanne gebraten
fruit: Obst

garlic: Knoblauch
groenboontjies: grüne Bohnen
guinea fowl: Perlhuhn (afrikaans: *tarentaal*)

ham: Schinken
hoender: Huhn

kablejou: Kabeljau
kingklip: feiner Weißfisch
konfyt: eingelegtes Obst
koeksisters: süßes Gebäck
kreef: Krustentier

lamsboud: Lammknochen
leek: Lauch
lentiles: Linsen
liver: Leber

maalvleis: Hackbraten
mash: Brei
meat: Fleisch
– **cattle**: Rind
– **chicken**: Huhn
– **duck**: Ente
– **lamb**: Lamm
– **pork**: Schwein
– **veal**: Kalb
melktert: Milchtorte
middagete: Mittagessen
mielies: Maiskolben
mosbolletjies: Teigbrötchen
aus gegorenem Wein
mullet: Seefisch
mussels: Schwarzmuscheln

oysters: lokale Austern
ostrich: Strauß

pampoen: Kürbis
pancake: Pfannkuchen
pap: trockener Maisbrei
pepper: Pfeffer
perlemoen: handgroße Muschel, auch *abalone* genannt

plant: Gemüse
prawns: Garnelen
prunes: Backpflaumen

rabbit: Kaninchen
rijstafel: indonesische
Reistafel
roll: Brötchen
rye bread: Roggenbrot

samosas: Teigtaschen
snoek: salziger Fisch
snoeksmoor: Snoek-Fisch
mit Pilzen und Kartoffeln
sosaties: gegrillte Fleischstückchen am Spieß mit
Früchten
sparkling wine: Schaumwein
springbok: Kleinantilope
squash: Turbankürbis
sultanas: Rosinen

table wine: Tischwein
tart: Törtchen
trout: Forelle
tuna: Thunfisch
turbot: Steinbutt
turkey: Truthahn

vleis: Fleisch
– **eend**: Ente
– **hoender**: Huhn
– **kalf**: Kalb
– **lam**: Lamm
– **varkuleis**: Schwein
– **bees**: Rind
vrugte: Früchte

STRÄNDE

Als Stadt der zwei Ozeane wartet Kapstadt mit wunderschönen Stränden an beiden Seiten der Kap-Halbinsel auf. Trotz kühler Wassertemperaturen verlocken sie dazu, einen Sprung ins Nasse zu wagen.

Die Riviera Südafrikas
Der bekannteste Strandabschnitt der Mother City befindet sich am **Atlantic Seabord** und schließt die Nobelvororte Clifton und Camps Bay mit ihren prächtigen Villen ein. Vor spektakulärer Kulisse sonnen sich hier auffallend gut aussehende Menschen im feinen, fast weißen Sand. Die angesagten vier Strandabschnitte von Clifton werden von wunderschönen Felsbuchten umrahmt. Das benachbarte Camps Bay gilt mit seiner lebhaften Strandmeile als die Copacabana Afrikas und trumpft mit einer weitläufigen halbmondförmigen Badebucht auf. So traumhaft die beiden Strände auch sind, sie bieten nur ein kurzes Badevergnügen – denn der Atlantik erreicht selbst im Sommer nur eine Temperatur von kühlen 18 Grad.

Wärmere Temperaturen an der False Bay
Auf der anderen Seite der Kap-Halbinsel, rund um die False Bay, sorgt der wärmere Agulhasstrom des Indischen Ozeans für angenehmere Wassertemperaturen. Die Bucht erhielt ihren Namen, weil sie von Seefahrern einst häufig mit der Tafelbucht verwechselt wurde. Heute kommen Badegäste gern an den weitläufigen **Strand von Muizenberg**, der mit seinen bunten Strandhäusern auch ein beliebtes Fotomotiv ist. Da es hier jedoch eine der höchsten Hai-Dichten der Welt gibt, sollte man unbedingt die Fahnen im Blick behalten, mit denen die auf den Bergen sitzenden »Shark-Spotter« ihre Sichtungen an die Strände kommunizieren. Angriffe sind jedoch sehr selten. Nicht weit entfernt, am **Boulders Beach**, warten auch drollige Afrikanische Pinguine. Interessierte können sogar mit ihnen baden.

Der Sandstrand von Camps Bay (s. S. 120) zählt zu den schönsten der Region; auch sicheres Baden in einem Felsenpool ist hier möglich.

Surferparadies und endlose Weiten

Während die Bucht von Muizenberg ideale Bedingungen zum Wellenreiten bietet, zeigen an der Atlantikseite nördlich von Kapstadt Kitesurfer aus aller Welt ihr Können. Sie treffen sich vornehmlich am **Bloubergstrand** vor der traumhaften Kulisse des Tafelbergs. Die umliegenden Strände eignen sich aber auch für einen erholsamen Strandtag, weil sie weniger voll sind als die stadtnahen Strände. Weiter nördlich geht es sogar noch gemächlicher zu: Die weniger touristisch erschlossene Westküste bietet mancherorts fast menschenleere Strände. Im schönen West-Coast-Nationalpark liegt die **Langebaan Lagoon**, die mit ihrem kristallklaren Wasser ein idealer Ort zum Baden ist.

Strände an der Garden Route

Auch an der Garden Route reihen sich Traumstrände aneinander. Zu den beliebtesten gehören **Wilderness und Plettenberg Bay**, die mit ihren breiten und feinen Sandstränden Sonnenhungrige anlocken. Etwas versteckt gelegen, befindet sich ein weiteres, kleines Paradies mit feinstem Sandstrand über 20 Kilometer: das **Nature's Valley**.

SPORT

Die vielfältige Natur rund um Kapstadt bietet unendlich viele Möglichkeiten, um aktiv zu sein. Die Sportbegeisterung der Südafrikaner zeigt sich nicht nur in ihrem körperbewussten Lebensstil, sondern auch in den vielen Sport-Events am Kap.

Wandern und Radfahren

Zu den unkompliziertesten Sportarten, die fast überall in der Kap-Region betrieben werden können, gehören Wandern *(hiking)*, Klettern, Radfahren und Mountainbiken. Dass sich auch die *Capetonians* auf diese Weise fit halten und es genießen, ihre Freizeit in der Natur zu verbringen, lässt sich gut beobachten, wenn sie schon früh morgens auf dem Fahrrad unterwegs sind oder zum Wandern in die nahe gelegenen Nationalparks aufbrechen. Zum typischen Bild der Morgen- und Abendstunden gehören außerdem die zahlreichen Jogger, die vorzugsweise die schönen Strecken entlang des Atlantiks nutzen und anschließend in einem der Cafés am Wegesrand ausspannen. Zu den jährlich stattfindenden Radrennen und Marathon-Events reisen Sportbegeisterte aus der ganzen Welt an.

Surfer-Hotspot

Die besonderen Wind- und Wetterverhältnisse am Westkap bieten ideale Bedingungen zum Surfen. Profis und Amateure können aus unzähligen Stränden und verschiedenen Surfarten wählen. Die beliebtesten Spots sind **Bloubergstrand** und **Big Bay**. Hier treffen sich nicht nur Kitesurfer aus aller Welt, an den Stränden werden auch jedes Jahr die besten gekürt. Unbedingt notwendig für alle Surfer ist das Tragen von Neoprenanzügen, die vor der eisigen Kälte des Atlantiks schützen. Bedingt durch das Tafelbergmassiv unterscheiden sich die Verhältnisse von Ort zu Ort, auch mehrmals täglich wechselnde Wellenhöhen sind möglich. Die Einheimischen sind vor allem in den Morgen- und Abendstunden an den Stränden zu finden.

Surfer kommen in den tosenden Wellen des Atlantiks voll auf ihre Kosten, doch ohne Neoprenanzug sollte man sich nicht in die kalten Fluten stürzen.

Golfen mit Aussicht

Bedingt durch den britischen Einfluss aus der Kolonialzeit, die perfekten Wetterbedingungen sowie die besondere Landschaft ist die Kap-Provinz auch ein idealer Ort zum Golfen. Ein Dutzend Anlagen rund um Kapstadt zieht besonders in den Monaten von Oktober bis April Profis und Amateurgolfer aus aller Welt an. Besonders beliebt sind die Plätze des **Royal Cape** und **Milnerton Golfclubs,** die neben gepflegten Anlagen auch eine tolle Aussicht auf den Tafelberg bieten. Sie gehören zu den besten Golfplätzen des Landes. Auch das Umland von Kapstadt wartet mit hervorragenden Golfanlangen auf.

Das Kap von oben

Wunderschöne Panoramaaussichten auf die *Mother City* und ihr traumhaftes Umland ermöglicht das **Paragliding.** Außerdem ist es die umweltfreundlichste und günstigste Art, Kapstadt aus der Luft zu bewundern. Die beliebteste Flugroute startet am Lion's Head, der atemberaubende Sichten auf die Küste, Camps Bay und auf das Tafelbergmassiv bietet. Ebenfalls empfehlenswert ist der Absprung vom benachbarten Signal Hill.

Siya Kolisi sorgte als Kapitän der Springboks in ganz Südafrika für Begeisterungs-
stürme und gilt als Symbol der jungen Regenbogennation.

DER SIEGESZUG DER SPRINGBOKS IM RUGBY

Ein Sport, der das Land vereint

In Südafrika steht nicht Fußball ganz oben auf der Beliebtheits-
skala der Sportfans, sondern Cricket und Rugby. Für einen historischen Einschnitt sorgt 2019 der Rugby-Sport: Südafrika
gewinnt die **Rugby-Union-Weltmeisterschaft** bereits zum
dritten Mal, zum ersten Mal wird das Nationalteam jedoch angeführt von einem Mann mit schwarzer Hautfarbe. Kurz nach
dem Sieg tritt der Kapitän Siya Kolisi vor die Kameras. Ein besonderer Moment: Der einst weiße Sport, der vor allem auch
ein Symbol der Apartheid war, vereint von nun an Menschen
aller Hautfarben, Herkünfte und Religionen.

Im Finale gegen England sind es mit Mkazole Mapimpi und
Ceslin Kolbe zwei schwarze Spieler, die den Sieg mit ihren
Punkten klarmachen. Noch immer bilden Schwarze mit
31 Prozent Anteil zwar die Minderheit im Team – doch das ist
ein großer Erfolg im Vergleich zu den Vorjahren, in denen das
gesamte Team der Springboks lediglich aus Weißen bestand.

Nelson Mandela war es, der als Präsident des Landes dafür sorgte, dass ganz Südafrika hinter dem Nationalteam steht, vor allem nach der Weltmeisterschaft 1995 im eigenen Land, die das Team erstmals für sich entscheiden konnte. Mit Chester Williams schaffte es zwar damals nur ein Spieler, der nicht zur weißen Minderheit gehört, in das südafrikanische Team. Trotzdem gilt dieses Jahr kurz nach dem Ende der Apartheid als Wendepunkt der südafrikanischen Sportgeschichte.

Kurz zuvor, im Jahr 1991, wird **Siya Kolisi** in einem Armutsviertel, in den Townships von Port Elizabeth, geboren. Seine jungen Eltern gehen noch zur Schule und schaffen es kaum, den Kleinen großzuziehen. Früh stirbt seine Mutter, der Vater zieht auf der Suche nach Arbeit nach Kapstadt. Von nun an wohnt der Junge bei seiner Großmutter. Durch seine athletische Veranlagung befeuert, beginnt er mit dem Rugby. Bei einem Jugendturnier entdecken ihn Scouts und vermitteln ihm ein Stipendium an einer Universität. Der Rest ist Geschichte: Mit 28 Jahren strahlt Siya Kolisi, der nun erwachsene Junge aus den Townships, siegestrunken und verschwitzt vor dem Nachthimmel Japans im Stadion von Yokohama. Er hat mit seinem Team gerade einen sportlichen Sieg errungen, der viel mehr ist als ein Turniergewinn. Seine Worte rühren Menschen auf der ganzen Welt: »Wir haben so viele Probleme in unserem Land. Aber wir haben ein Team wie das unsere – wir kommen aus verschiedenen Strukturen, haben unterschiedliche Hautfarben – ein Team, das zusammengekommen ist für dieses eine Ziel.« Kolisi hat damit das geschafft, was Mandela ihm und seinen südafrikanischen Mitbürgern einst als Vorbild mit auf den Weg gab: einen Weg heraus aus der Armut aus eigener Kraft, der in diesem Fall sogar zu einer raketenhaften Karriere in der Welt des Rugbys führte. Ein gutes Beispiel für eine Erfolgsgeschichte in der jüngeren Vergangenheit der Regenbogennation Südafrika.

> »Ich habe Südafrika noch nie so gesehen wie jetzt. Wir haben für die Menschen in unserem Land gespielt. Wir können alles erreichen, wenn wir es gemeinsam tun.«
> Siya Kolisi nach dem WM-Sieg 2019

Überwältigendes Panorama: Nach eineinhalb-
stündigem Aufstieg auf den Tafelberg werden
Wanderer mit einem unvergesslichen Sonnenuntergang über dem Atlantik belohnt.

HINEIN IN DIE REGION

KAPSTADT, DIE MOTHER CITY

In Kapstadts Zentrum zeigt sich die ganze Vielfalt der Mother City. Historische Orte, faszinierende Kulturen, interessante Museen, erstklassiges Entertainment, kulinarischer Genuss und aufstrebende Trendviertel – an jeder Ecke gibt es unendlich viel zu entdecken.

Mit seinem lebendigen Stadtkern und seiner traumhaften Umgebung bietet Kapstadt alles, was sich Urlauber wünschen – und eigentlich noch viel mehr als das. Die Auswahl ist so groß, dass ein paar Tage und sogar Wochen kaum ausreichen, um die ganze Vielfalt der Kap-Metropole zu erfassen.

Für einen guten Überblick sorgt der **Tafelberg** und sein kleinerer Nachbarberg, der **Lion's Head**. Die Aussicht über das Stadtzentrum und die Kap-Halbinsel ist überwältigend. Die beiden Berge sind ideale Orte für den Beginn einer Erkundungstour. Von den Gipfeln eröffnet sich der Blick auf all das, was man sich weiter unten aus nächster Nähe ansehen sollte.

Kapstadts Küstenlinie wird dominiert vom majestätischen Tafelberg-Massiv.

V&A Waterfront
→ S. 80

Das Stadtbild der Mother City mit ihren 3,8 Mio. Einwohnern (Metropolregion) ist geprägt von einem architektonischen Mix aus Alt und Neu. Im Zuge der Fußball-WM 2010 wurde die Stadt um neue Einkaufs- und Unterhaltungsangebote bereichert, außerdem wurde das öffentliche Verkehrsnetz ausgebaut. Mit seinen zahlreichen Sehenswürdigkeiten und der beeindruckenden Umgebung gehört Kapstadt seit vielen Jahren zu den attraktivsten Reisezielen der Welt und wirkt wie ein magischer Anziehungspunkt.

Die bewegte Geschichte der Stadt zeigt sich an vielen Stellen. Historische Gebäude aus dem 17. bis 19. Jh. zeugen von europäischen Kolonialmächten, und der geschichtsträchtige **District Six** erinnert an die dunkle Vergangenheit der Stadt zu Zeiten der Apartheid. Zahlreiche Museen vermitteln einen spannenden Einblick in das Leben in der Mother City gestern und heute, aufstrebende Viertel wie **Woodstock** inspirieren dagegen mit ihrer Kreativität. Die modernisierte **V & A Waterfront** und der Hafen sind das Tor zur Welt, die City Bowl bildet das Zentrum, den Kern der Stadt.

Das muslimische Viertel **Bo-Kaap** gehört zu den ältesten Stadtteilen und fällt vor allem durch seine bunten Häuser auf, die in knalligem Gelb, Grün, Orange, Pink und Blau erstrahlen. Die Farbgebung soll als Protest gegen das Schwarz-Weiß-Denken der Apartheid entstanden sein. Bo-Kaap zeigt sich geradezu exotisch – fast wie eine Welt für sich.

Tafelberg
→ S. 70

Cape Town Stadium
→ S. 104

Green Point
→ S. 103

ZENTRUM (CITY BOWL) A3

30 000 Einwohner

Wie eine Schüssel eingebettet zwischen den malerischen Bergen Signal Hill, Lion's Head und Tafelberg liegt Kapstadts Stadtzentrum und wird von den Einheimischen deshalb auch City Bowl genannt. Hier findet sich der Kern der Millionenstadt mit seinem Geschäftszentrum (genannt CBD, Central Business District), dem Hafen und den Wohngebieten Bo-Kaap, De Waterkant, Oranjezicht, Gardens sowie weiteren Stadtteilen. An ihrer nördlichen Seite wird die City Bowl vom Atlantischen Ozean begrenzt, im Süden durch den Tafelberg. Im pulsierenden Stadtkern finden sich die meisten Sehenswürdigkeiten, eine große Auswahl an Geschäften, Restaurants,

SEHENSWERTES

1. Bo-Kaap ★
2. Auwal Masjid
3. Palm-Tree-Moschee ●
4. Bree Street
5. Long Street
6. Greenmarket Square und Old Town House
7. City Hall und Grand Parade
8. Castle of Good Hope
9. District Six Museum
10. Groote Kerk und Slave Lodge
11. St. George's Cathedral
12. Company's Garden
13. South African National Gallery
14. South African Museum
15. Kloof Street
16. Tafelberg-Nationalpark ★

ÜBERNACHTEN

1. The Grand Daddy & Airstream
2. Dutch Manor Antique Hotel
3. Belmond Mount Nelson Hotel
4. Welgelegen Guest House

ESSEN UND TRINKEN

5. Chefs Warehouse & Canteen
6. Rcaffé
7. Haas Coffee Collective
8. Carne SA
9. The Royale Eatery
10. Kloof Street House
11. Thali
12. Black Sheep

EINKAUFEN

13. Atlas Trading
14. Greenmarket Square Flohmarkt
15. Clarke's Bookshop
16. Kirsten Goss & Missibaba
17. LIM

ABENDGESTALTUNG

18. The Crypt Jazz Club
19. The Gin Bar
20. Tjing Tjing
21. The Piano Bar

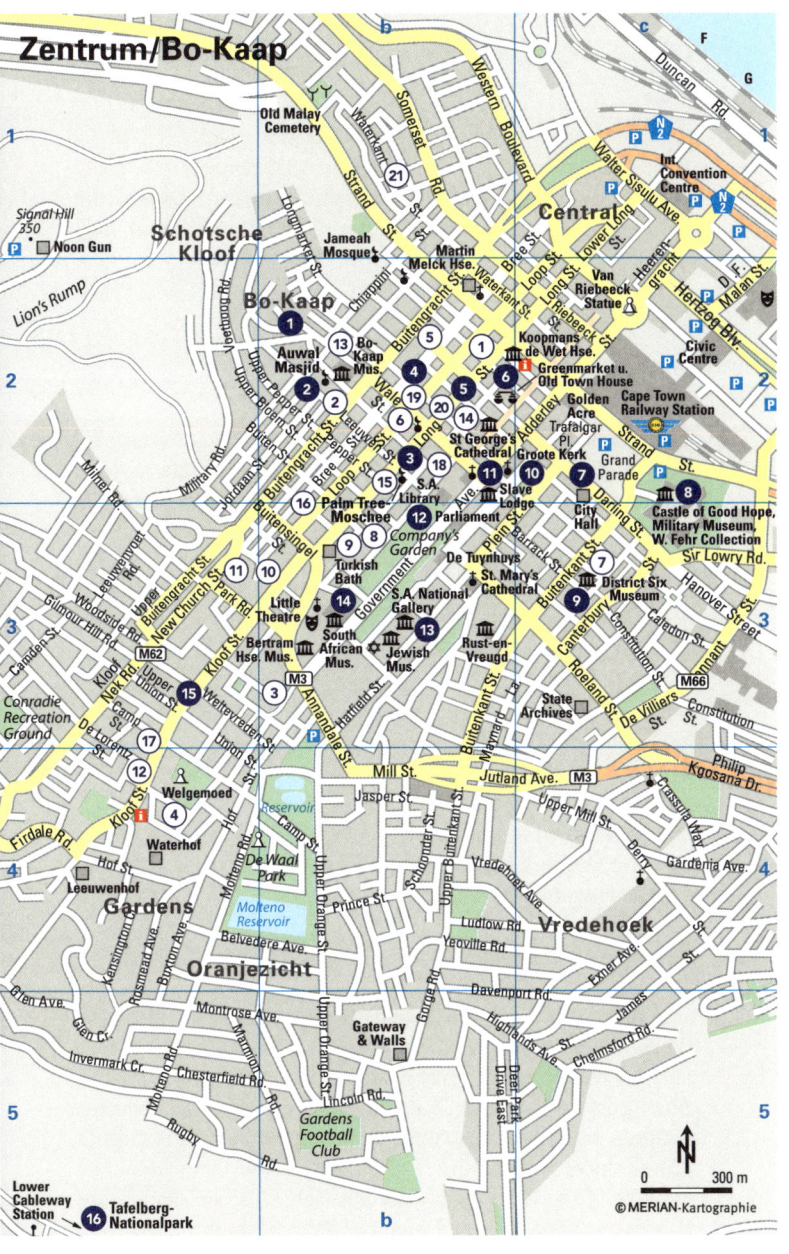

Zentrum/Bo-Kaap

Old Malay Cemetery

Signal Hill 350

Noon Gun

Schotsche Kloof

Lion's Rump

Bo-Kaap

Jameah Mosque

Martin Melck Hse.

Central

Van Riebeeck Statue

Civic Centre

Auwal Masjid

Bo-Kaap Mus.

Koopmans de Wet Hse.

Greenmarket u. Old Town House

Golden Acre

Cape Town Railway Station

Trafalgar Pl.

St George's Cathedral

Groote Kerk

Grand Parade

Castle of Good Hope, Military Museum, W. Fehr Collection

Palm Tree Moschee

S.A. Library

Slave Lodge

City Hall

Parliament

Company's Garden

De Tuynhuys

St. Mary's Cathedral

District Six Museum

Turkish Bath

Little Theatre

Government

S.A. National Gallery

Bertram Hse. Mus.

South African Mus.

Jewish Mus.

Rust-en-Vreugd

State Archives

Conradie Recreation Ground

Welgemoed

Waterhof

Leeuwenhof

Gardens

Oranjezicht

De Waal Park

Molteno Reservoir

Reservoir

Gateway & Walls

Vredehoek

Gardens Football Club

Lower Cableway Station

Tafelberg-Nationalpark

0   300 m

© MERIAN-Kartographie

Cafés sowie ein breites kulturelles Angebot. Auch der District Six, ehemals Heimat der Schwarzen und *Coloureds*, die in der Apartheid an den Stadtrand vertrieben wurden, gehört zum Zentrum Kapstadts. Doch dieser historische Stadtteil liegt heute hauptsächlich brach.

Sehenswertes

 MERIAN TOP 10

❶ BO-KAAP

Das multikulturelle Viertel mit ca. 6000 Einwohnern wird hauptsächlich von Kapmalaien, den Nachkommen der im 17. Jh. von der Niederländischen Ostindien-Kompanie verschleppten Sklaven aus Indonesien, Indien, Sri Lanka und Malaysia, bewohnt. Gegründet wurde es als einer der ältesten Stadtteile Kapstadts von Sheikh Yusuf, der im 18. Jh. ebenfalls als Sklave nach Kapstadt kam und gegen den Widerstand der Dutch Reformed Church eine Vielzahl der Sklaven zum islamischen Glauben bekehrte. Nach Abschaffung der Sklaverei ließen sich viele Muslime am Signal Hill nieder und gründeten hier ihre eigene Gemeinde. Viele kleine Häuser entstanden im Stilmix aus kapholländischer und englischer Bauart und erhielten später ihre bunten Farben. Im Gegensatz zum ausgelöschten Stadtteil District Six konnte Bo-Kaap auch zu Zeiten der Apartheid weiter bestehen bleiben.

❷ AUWAL MASJID

Die älteste Moschee Südafrikas wurde 1794 vom ersten hier ansässigen Imam, Abdullah Kadi Abdus Salaam, genannt **Tuan Guru**, erbaut. Zu dieser Zeit gab es noch keine Religionsfreiheit, sie wurde erst vier Jahre später von den Briten gewährt. Auch durften zu dieser Zeit die größtenteils aus islamischen Ländern verschleppten Sklaven keine persönlichen Gegenstände, insbesondere den Koran, mit in die Gefangenschaft nehmen. Tuan Guru kam zunächst selbst als Gefangener ans Kap und schrieb während seiner 13 Jahre andauernden Inhaf-

Ihr Grundstein wurde bereits unter niederländischer Kolonialherrschaft gelegt: die Auwal Masjid vor der Kulisse des Devil's Peak.

tierung auf Robben Island den Koran aus dem Gedächtnis nieder. Seine Niederschrift hat die Islamisierung der Sklaven am Kap entscheidend mitgeprägt und gilt heute als erste Koranschrift Südafrikas. Ein Exemplar des Korans aus den 1780er-Jahren wird bis heute in der Moschee aufbewahrt.
34 Dorp Street

IM VORBEIGEHEN ENTDECKT

❸ PALM-TREE-MOSCHEE

In der Nähe der Auwal Masjid befinden sich noch neun weitere Moscheen, darunter auch die Palm-Tree-Moschee oder Church of Jan van Bougies in der Long Street. Sie ist die zweitälteste Moschee in Südafrika und wurde Anfang des 19. Jh. nach dem Tod des für den Bau der Auwal-Moschee verantwortlichen Tuan Gurus und im Streit um dessen Nachfolge gegründet. Das Gebäude, ein ehemaliges Wohnhaus, ist das älteste der Long Street und wird seit 1807 als Moschee genutzt.
185 Long Street

Bunte Häuschen im kapholländischen Stil zieren die Straßen des Viertels Bo-Kaap, das bereits im 18. Jh. von Einwanderern besiedelt wurde.

DIE KULTURELLE IDENTITÄT DER KAPMALAIEN

Das reiche Erbe des Bo-Kaap

Kapstadts buntester Stadtteil, Bo-Kaap, zwischen Stadtzentrum und Signal Hill im Westen des Zentrums, wird auch als *Cape Malay Quarter* bezeichnet. Denn in den kleinen Häusern, die in leuchtenden Farben erstrahlen, sind die Mitglieder der ethnischen Gruppe der Kapmalaien zu Hause, deren Geschichte vier Jahrhunderte in die Vergangenheit zurückreicht. Ihre ersten Vorfahren kamen als **Sklaven der Niederländischen Ostindien-Kompanie** (VOC) ans Kap.

Die Kultur der Kapmalaien, die bis heute ihre ganz eigene Identität bewahrt hat, ist weltweit einzigartig und hat ihre Ursprünge im 17. Jahrhundert. Damals wurden Sklaven, politische Gefangene oder Exilanten aus Niederländisch-Ostindien (heutiges Indonesien) nach Kapstadt gebracht. Ihren Namen erhielten die aus verschiedenen Ländern stammenden Männer durch ihre gemeinsame **Sprache**, Malaiisch, die später einen

großen Einfluss für das heute weit verbreitete Afrikaans bilde-
te. Neben der Sprache verband die Kapmalaien damals wie
heute ihre **Religion**, der Islam, auf den auch die Bezeichnung
Cape Muslims (Kap-Muslime) zurückgeht. Die Religion unter-
scheidet sie auch von den *Cape Coloureds*, die in erster Linie
christlichen Glaubens sind.

In den letzten Jahren haben privat initiierte Projekte wie das
Kunstprojekt »I am royal« von Thania Petersen, einer direkten
Nachkommin von Tuan Guru (→ S. 60), neue Erkenntnisse
über das kulturelle Erbe der *Cape Malays* hervorgebracht. Interessant ist vor allem, dass die Vorfahren der heutigen Kapmalaien vor ihrer Deportation viel mehr als nur einfache Sklaven
waren. Die aus Südostasien stammenden Männer verfügten
über die unterschiedlichsten sozialen und ökonomischen Hin-
tergründe, viele von ihnen waren Bürokraten oder sogar kö-
niglicher Abstammung. Da sie für die holländischen Kolonialherren aufgrund ihres großen Einflusses in ihrer Heimat eine
Bedrohung darstellten, wurden sie nach Kapstadt ins Exil
geschickt und dort versklavt. Thania Petersens viel beachtete
Fotografien zu diesem Thema sind unter anderem im Museum
Zeitz MOCAA (→ S. 88) zu sehen und waren auch bereits Teil
von internationalen Ausstellungen. Sie geben einen Einblick in
die heutige Auseinandersetzung der Kapmalaien mit ihrer
Identität und langen Tradition.

Neben der gemeinsamen Sprache und Religion, die im
Viertel für ein starkes Gefühl der Zusammengehörigkeit sorgt,
ist es vor allem die **Kulinarik**, die die Menschen im Bo-Kaap
verbindet. Zu den typischen kapmalaiischen Spezialitäten gehören die beliebten Cape Malay Currys genauso wie süße Spezialitäten, etwa *koeksisters* (eine Art Donut, der mit Kokosflo-
cken bestreut wird). Für Besucher, die die kapmalaiische
Kultur und das traditionelle Essen des Viertels näher kennen-
lernen möchten, werden Kochkurse veranstaltet, die unter anderem von Privatleuten im Viertel durchgeführt werden. Gemeinsam mit den Einheimischen werden dabei köstliche
Gerichte der kapmalaischen Küche mit typischen Gewürzen
zubereitet und anschließend genossen.

④ BREE STREET

Die Bree Street ist seit einigen Jahren die angesagteste Straße der Stadt. Wegen ihrer hohen Dichte an attraktiven Restaurants, die von herzhaften Burgern bis hin zu feinen Seafood-Spezialitäten so ziemlich alles anbieten, was das Herz begehrt, gilt sie auch als Gourmetmeile. Daneben reihen sich gemütliche Cafés und trendige Bars aneinander, in denen sich am Abend und besonders am Wochenende Einheimische und Besucher der Stadt treffen. Jeden ersten Donnerstag im Monat finden hier auch die **First Thursdays** statt. Mehr als 30 Galerien stellen an diesen freien Kunstabenden bis 21 Uhr oder länger ihre Werke aus (www.first-thursdays.co.za, Eintritt frei).

⑤ LONG STREET

Sie ist mehr als 300 Jahre alt und gehört damit zu den ältesten Straßen der Stadt, lange Zeit war sie auch die längste. Vom Hafengebiet beginnend, zieht sie sich mehr als 3 km lang bis in den Stadtteil Tamboerskloof. In der belebten Straße reihen sich restaurierte **viktorianische Häuser** mit kunstgeschmiedeten Balkongittern und Brüstungen aneinander, die an das French Quarter im amerikanischen New Orleans erinnern. Eine bunte Ansammlung aus Antiquitätengeschäften, ausgefallenen Klamottenläden, Musik- und Kunsthandwerks-Shops laden zum Bummeln ein. Wegen der vielen günstigen Unterkünfte zieht die Long Street auch Backpacker aus aller Welt an, die zur ohnehin kosmopolitischen Atmosphäre der Straße beitragen. Neben dem Gastronomieangebot ist auch das Nachtleben vielfältig: Bars und Clubs machen die Long Street zur zentralen **Partymeile der Stadt**. Besonders am Wochenende ist es laut und voll auf der Straße. Musik hat auf der Long Street eine lange Tradition, denn hier wurde der südafrikanische Jazz geboren.

⑥ GREENMARKET SQUARE UND OLD TOWN HOUSE

Der 1696 erbaute historische Platz ist einer der schönsten Plätze der Stadt und ihr zweitältester. 1755 wurde nebenan das Old Town House fertiggestellt, das zeitweise als Rathaus diente.

Später wurde auf dem Marktplatz Sklavenhandel betrieben und 1834 die Abschaffung des Sklavenhandels verkündet. Während der Apartheid fanden hier oft politische Protestaktionen statt. Heute kommen viele Besucher auf den Platz, um den lebhaften und beliebten Flohmarkt zu besuchen.

Das **Old Town House** zählt zu den renommiertesten kleinen Kunstmuseen des Landes. Die hier gezeigte Michaelis-Sammlung zeigt wertvolle Ölgemälde aus dem 16. bis 18. Jh.

Old Town House: tgl. 10–17 Uhr | 20 Rand, Kinder 10 Rand

❼ CITY HALL UND GRAND PARADE

Das 1905 fertiggestellte alte **Rathaus** gehört zu den imposantesten Gebäuden der Stadt. Seine Mischung aus italienischer Renaissance und britischem Kolonialstil ist eine architektonische Meisterleistung. Besonders beeindruckend sind seine verzierte Marmorfassade und die Marmortreppe im Inneren. Der große Vorplatz, die **Grand Parade**, war einst ein militärischer Paradeplatz. Wegen seiner jüngeren Geschichte genießt das alte Rathaus bis heute einen hohen Stellenwert bei der Bevölkerung: Am 11. Februar 1990 hielt Nelson Mandela kurz nach seiner Freilassung eine bedeutende Rede auf dem Balkon des Hauses und wurde dabei von einer riesigen Menschenmenge bejubelt. Heute sind die Stadtbücherei und ein Konzertsaal, in dem das Cape Town Symphonic Orchestra meist donnerstags Konzerte gibt, in der City Hall untergebracht. Auf dem Vorplatz herrscht ein buntes Markttreiben.

Darling Street

❽ CASTLE OF GOOD HOPE

Das Castle of Good Hope gehört zu den wichtigsten Sehenswürdigkeiten Kapstadts. Es ist das älteste europäische Gebäude Südafrikas und bis heute im Original erhalten. Der Holländer Jan van Riebeeck, erster Verwalter der Kap-Kolonie, ließ die Festung im Auftrag der Niederländischen Ostindien-Kompanie in den Jahren 1666 bis 1679 erbauen. Nach der Übernahme der Kap-Provinz durch die Engländer ließ Lady Anne Barnard, Ehefrau des damaligen Kolonialsekretärs, Ende des 18. Jh. das

Innere der Festung im Stil des englischen Regency um- und ausbauen. Früher lag die Festung direkt am Meer, wegen häufiger Sturmfluten musste der ursprüngliche Nordeingang jedoch nach Westen versetzt werden. Die heutige Binnenlage der Anlage kam erst in den 1940er-Jahren durch die Aufschüttung der Hafenbucht zustande.

Ecke Castle/Darling Street | www.castleofgoodhope.co.za | tgl. 9–17 Uhr | 50 Rand, Kinder 25 Rand

❾ DISTRICT SIX MUSEUM

Das kleine Museum gehört zu den bedeutungsvollsten Orten von Kapstadts jüngster Geschichte. Als sechster Bezirk der Stadt wurde das multikulturelle Viertel District Six 1867 gegründet. Hier lebten ehemalige Sklaven, Künstler, Kaufleute, Arbeiter und Migranten friedlich zusammen. Anfang des 20. Jh. begannen jedoch die ersten Zwangsumsiedlungen, und 1966 wurde das Gebiet von der Apartheidsregierung aufgrund des *Group Area Acts* schließlich zum weißen Wohngebiet erklärt. 1982 wurde die multikulturelle Gemeinschaft des Viertels endgültig aufgelöst. Mehr als 60 000 Menschen wurden in die dezentralen Cape Flats vertrieben, der Stadtteil mit Bulldozern dem Erdboden gleichgemacht. Das nach dem Ende der Apartheid eröffnete Museum gibt den früheren Bewohnern Raum für Erinnerungen an ihre Heimat und vermittelt Besuchern einen Eindruck davon, wie das Viertel einst aussah. **Fotografien und andere Zeitzeugnisse** dokumentieren das Leben im sechsten Bezirk und das Leid, das den Menschen hier widerfahren ist. Ehemalige Bewohner bieten Besuchern interessante Führungen durch das Museum an.

25 Buitenkant Street | www.districtsix.co.za | Mo–Sa 9–16 Uhr | 45 Rand, Kinder 25 Rand (mit Audioguide, Führungen 110 Rand)

Die Festungsanlage Castle of Good Hope zählt heute zu den wichtigsten Besuchermagneten der Stadt und beherbergt mehrere Museen. Ein Teil der Anlage wird nach wie vor vom südafrikanischen Militär genutzt.

⑩ GROOTE KERK UND SLAVE LODGE

Die Große Kirche ist das älteste christliche Gotteshaus des Landes (1704 erbaut) und das Mutterhaus der Holländisch-Reformierten Kirche. Im 20. Jh. wurde das Gebäude vollständig umgebaut und vergrößert. Das schlichte **Slavery Memorial** aus elf schwarzen Steinen, das sich auf dem Vorplatz (Church Square) befindet, erinnert an die dunkle Vergangenheit dieses Ortes: Denn hier wurden bis 1834 Sklaven verkauft, die in der angrenzenden Slave Lodge untergebracht waren. Im 17. und 18. Jh. mussten in den Räumen bis zu 1000 Sklaven der Niederländischen Ostindien-Kompanie unter katastrophalen Bedingungen leben. Das heutige **Museum** dokumentiert die lange Geschichte der Sklaverei in der Region.

Ecke Adderley/Wale Street | Slave Lodge: www.iziko.org.za | Mo–Sa 10–17 Uhr | 30 Rand, Kinder 15 Rand

⑪ ST. GEORGE'S CATHEDRAL

Das anglikanische Gotteshaus im klassischen viktorianischen Stil wurde ursprünglich nach dem Londoner Vorbild St. Pancras erbaut. Vor dem Eintreffen des ersten anglikanischen Bischofs im Jahr 1847 wurde die Kirche zur Kathedrale, der Bischof fand jedoch wenig Gefallen daran. Zahlreiche Umbauten folgten. Das bis heute erhaltene Gebäude wurde vom südafrikanischen Architekten Sir Herbert Baker aus dem Sandstein des Tafelbergs konzipiert. Das Innere der sehenswerten Kirche gleicht europäischen Kathedralen.

Zu weltweiter Bekanntheit kam die St. George's Cathedral vor allem durch den Widerstand gegen die Apartheid und das Engagement des hiesigen Erzbischofs und Friedensnobelpreisträgers **Desmond Tutu**. Während der politischen Unruhen galt die Kirche als Ort der Zuflucht für Menschen aller Hautfarben. Musik hat in der Geschichte der Kirche schon immer eine wichtige Rolle gespielt. Chor- und Orchesterkonzerte finden auch heute noch regelmäßig statt, außerdem befindet sich in der Krypta die Jazzbar **The Crypt Jazz Club** (→ S. 78), die am Abend einen Besuch lohnt.

5 Wale Street | www.sgcathedral.co.za

Das Delville Wood Memorial im Company's Garden erinnert an den Einsatz der südafrikanischen Streitkräfte im Ersten Weltkrieg.

⑫ COMPANY'S GARDEN

Der zentral gelegene Park ist die **grüne Lunge der Mother City**. Bereits im 17. Jh. wurde er von holländischen Siedlern angelegt und diente damals zur Versorgung der Handelsschiffe, die auf dem Weg nach Asien am Kap anhielten. Auch heute wird hier noch Obst und Gemüse angebaut – wenn auch (der originalen Anlage von damals nachempfunden) im viel kleineren Stil. Zur weitläufigen Parkanlage gehören zudem ein schön angelegter Rosengarten, ein Fischteich, ein Vogelgehege, ein japanischer Garten und viele weitere Kleinode, die es zu entdecken gilt. Mehr als 8000 Pflanzenarten sind vertreten, die meisten von ihnen sind in Südafrika heimisch. Ein mehrere Hundert Jahre alter Birnbaum gilt übrigens als ältester noch lebender Bewohner Kapstadts und ist bei den Einheimischen ein beliebter Ort zum Picknicken.

Ecke Queen Victoria Street/Government Avenue

⑬ SOUTH AFRICAN NATIONAL GALLERY

Die Nationalgalerie zeigt neben einer umfangreichen Sammlung an Gemälden und Skulpturen von (süd-)afrikanischen und europäischen Künstlern auch kreative Recycling-Kunst aus den Townships sowie farbenprächtige Arbeiten von Mitgliedern afrikanischer Volksgruppen.

Government Avenue, Company's Gardens | www.iziko.org.za | tgl. 9–17 Uhr | 30 Rand, Kinder 15 Rand

🄱 SOUTH AFRICAN MUSEUM

In einem imposanten historischen Gebäude in den Company's Gardens ist das älteste Museum Kapstadts untergebracht. Die umfangreiche **naturwissenschaftliche Ausstellung** vereint Interessantes aus der Vergangenheit und Gegenwart des Landes. In der anthropologischen Abteilung wurden lebensgroße Buschmänner nachgebildet, die ungewöhnlich echt aussehen. Besonders beeindruckend sind auch die riesigen Walskelette, die über mehrere Stockwerke reichen.

25 Queen Victoria Street | www.iziko.org.za | tgl. 9–17 Uhr | 30 Rand, Kinder 15 Rand

🄵 KLOOF STREET

Neben der Bree Street gehört die Kloof Street, die sich südlich an die Long Street anschließt, zu den beliebtesten Straßen der Stadt. Mit knapp 40 Restaurants findet sich auf der **Restaurantmeile** ein breites kulinarisches Angebot. Außerdem gibt es schöne Cafés und Bars, die dafür sorgen, dass es hier nicht nur tagsüber, sondern auch abends lebhaft zugeht. Ein guter Ausgangspunkt zum Einkaufen ist das Einkaufszentrum **Lifestyles on Kloof**, in dem sich auch das Wellness Warehouse befindet, das Naturprodukte (etwa aus afrikanischen Pflanzen) anbietet.

 MERIAN TOP 10

🄶 TAFELBERG-NATIONALPARK

Der majestätische Tafelberg ist das Wahrzeichen der Stadt und ihre beliebteste Attraktion. Kaum ein Besucher verlässt die Mother City, ohne auf dem Plateau des 1086 m hohen Berges gestanden zu haben. In einer rotierenden Gondel werden Besucher in nur wenigen Minuten auf den Berg katapultiert. Sportliche wählen einen der vielen **Wanderwege**. Wer in der

Die Gäste des Hotels The Grand Daddy (s. S. 72) können in luxuriös ausgestatteten Wohnwagen auf der Dachterrasse nächtigen.

Hauptsaison auf dem Berg ankommt, sollte sich von den Besuchermassen an der Station nicht abschrecken lassen. Das Plateau des Berges ist so weitläufig, dass sich in der Regel genug Platz findet, um die verschiedenen Stellen in Ruhe zu genießen. Mehrere **Aussichtsplattformen** bieten traumhafte Panoramablicke auf die Stadt, die Kap-Halbinsel, Robben Island und den Lion's Head. Den südlichen Abschluss zur City Bowl bildet eine markante 500 m steile Sandsteinwand. Spektakulär ist neben der Aussicht auch die Vegetation des Berges: Mehr als 1400 verschiedene Pflanzenarten sind hier zu finden. Außerdem sind verschiedene Tierarten wie *baboons* (Paviane), Bergziegen und *rock dassies* (Klippschliefer) auf dem Tafelberg heimisch. Die schönste Zeit für einen Besuch ist vor dem Sonnenuntergang. Dann ist es weniger belebt und das besondere Licht lässt die ganze Umgebung in einem wunderschönen Farbspiel erscheinen. Für einen Aufstieg zu Fuß empfehlen sich die frühen Morgenstunden, wenn es noch nicht zu heiß ist.

Table Mountain National Park | www.tablemountain.net | Seilbahn 8–17.30/21.30 Uhr (je nach Monat) | Hin- und Rückfahrt 360 Rand, Kinder 180 Rand

Übernachten

① *Schlafen auf dem Dach*
THE GRAND DADDY & AIRSTREAM

Inmitten der Long Street ist das wohl ungewöhnlichste Hotel der Stadt zu finden. Bekannt ist es in erster Linie für seine besonderen Übernachtungsmöglichkeiten – auf dem Dach des Hauses: In den glänzenden Airstream-Wagen, die von unterschiedlichen Künstlern individuell gestaltet wurden, können die Hotelgäste hoch oben über der lebhaften Shopping- und Partymeile nächtigen. In regelmäßigen Abständen finden auf dem Dach auch Open-Air-Kinoabende statt.

38 Long Street | Tel. 0 21/4 24 72 48 | www.granddaddy.co.za | 7 Wagen | €€

② *Tradition mit Komfort*
DUTCH MANOR ANTIQUE HOTEL

Das 1812 erbaute Antikhotel versprüht mit seinen hohen Decken und erlesenen Antiquitäten den ganz besonderen Charme vergangener Tage. In den sechs individuell gestalteten Zimmern vereint sich traditioneller Komfort mit moderneren Annehmlichkeiten. Ganz besonders ist die Stimmung am Morgen, wenn die Gebetsrufe der Muezzins aus den umliegenden Moscheen zu hören sind und das Gefühl entstehen lassen, als befinde man sich im Orient.

158 Buitengracht | Tel. 0 21/4 22 47 67 | www.dutchmanor.co.za | 6 Zimmer | €–€€

③ *Das Traditionshaus*
BELMOND MOUNT NELSON HOTEL

Das rosafarbene Haus im Kolonialstil ist die Grande Dame der Stadt und gehört zu den nobelsten Unterkünften der Region. Seit mehr als einem Jahrhundert empfängt das Traditionshaus Gäste aus aller Welt und wird auf internationalen Bestenlisten geführt. Kein Wunder also, dass auch viele Prominente schon zu Gast waren. Im schönen Stadtteil Gardens gelegen, grenzt das Haus an die beliebte Kloof Street mit ihren Restaurants und Einkaufsmöglichkeiten. Viel Ruhe und Erholung bietet die wunderschöne Gartenanlage, die das Hotel umgibt. Wem die Übernachtung zu teuer ist, sollte sich rechtzeitig einen Platz für den klassischen Afternoon Tea (→ S. 73) reservieren, der mit einer reichhaltigen Auswahl an erlesenen Tees, feinen Törtchen und englischen Sandwichs stilvoll serviert wird.

76 Orange Street | Tel. 0 21/ 4 83 10 00 | www.belmond.com | 201 Zimmer & Suiten | €€€€

④ *Herzliche Atmosphäre*
WELGELEGEN GUEST HOUSE

Das kleine Gästehaus besteht aus zwei wunderschönen viktorianischen Gebäuden, die mit viel Liebe zum Detail im afrikanischen Stil dekoriert und durch einen schönen Innenhof mit Pool verbunden sind. Wer eines der wenigen Zimmer frühzeitig ergattert hat, wird mit kleinen Annehmlichkeiten wie Tee und Kekse auf den Zimmern verwöhnt, denn die Gastgeber dieser kleinen Oase unweit der belebten Kloof Street tun so ziemlich alles dafür, dass ihre Gäste hier eine unvergessliche Zeit verbringen.

6 Stephen Street | Tel. 0 21/4 26 23 73 | www.returnafrica.com | 13 Zimmer | €€

Essen und Trinken

⑤ *Mittagstisch und Tapas*
CHEFS WAREHOUSE & CANTEEN

In der rustikalen Kantine in der Bree Street gibt es einfache und dennoch überraschende Gerichte. Das Angebot wechselt täglich, denn die jungen Köche lassen sich ständig neue Kreationen einfallen. Kochprofis und Hobbyköche werden im Shop gleich nebenan beim gut sortierten Küchenequipment fündig. Einen zweiten, ebenfalls sehr empfehlenswerten Ableger gibt es im Weingut Beau Constantia.

92 Bree Street | Tel. 0 21/4 22 01 28 | www.chefswarehouse.co.za | €

⑥ *Treffpunkt der Locals*
RCAFFÉ

An der Wand dieses originellen Cafés hängen Krawatten, Tennisschläger und Schallplatten. Wer vor der Theke steht und die unwiderstehlichen Karotten- oder Käsekuchen und Schokoladen-Cupcakes sieht, erahnt, warum sich ein Besuch hier lohnt. Aber auch das Frühstück des Cafés, das bei Locals seit vielen Jahren beliebt

It's teatime!

Der britische Afternoon Tea hat in Kapstadt eine lange Tradition und ist eines der wenigen positiven Überbleibsel der Kolonialzeit. Im 19. Jahrhundert angeblich von der früheren Duchess of Bedford (Hofdame von Königin Victoria) in die feine Londoner Gesellschaft eingeführt, wurde die Teezeremonie von betuchten europäischen Reisenden übernommen, die gegen Ende des Jahrhunderts ans Kap kamen. Wer es sich leisten konnte, stieg vorzugsweise im damals schon luxuriösen **Mount Nelson Hotel** (→ S. 72) ab. Das Traditionshaus war das erste, das die Nachmittagstradition der Briten übernahm und seinen Gästen einen Afternoon Tea anbot.

Heute wird der Afternoon Tea in ausgewählten Cafés, vor allem aber in gehobeneren Hotels in Kapstadt, den Winelands und an der Garden Route angeboten. In seiner klassischen Form besteht er aus Tee, Scones, kleineren Kuchen oder Gebäck sowie Sandwiches mit Gurke und Ei. Inzwischen haben sich jedoch einige Lokalitäten einen Namen damit gemacht, besonders stilvolle Afternoon Teas anzubieten, die mit einer großen Auswahl an süßen und herzhaften Köstlichkeiten auftrumpfen und erlesene Teesorten ausschenken.

In Kapstadt ist neben dem **Cape Grace** (→ S. 89) vor allem die Grande Dame der Stadt damals wie heute die erste Adresse für den legendären Nachmittagsgenuss – das Mount Nelson Hotel. Der Tee wird in stilvollem Ambiente in der Lobby, dem Wintergarten oder auf der Terrasse des Hauses mit Blick auf den herrlichen Garten kredenzt. Und das nicht von irgendwem: Denn hier gibt sich Südafrikas erster anerkannter Tee-Sommelier die Ehre. Seine Gäste haben die Wahl zwischen mehr als 40 Teespezialitäten aus der ganzen Welt, dazu wird ihnen zuerst eine Etagere mit köstlichen Kanapees serviert, bevor sie sich an einer riesigen Auswahl an süßen Kuchen und Törtchen, die auf einem ausladenden Mahagonitisch bereitstehen, bedienen können.

ist, ist empfehlenswert, genauso wie die wechselnden Lunch-Gerichte.

138 Long Street | Tel. 0 21/4 24 11 24 | www.rcaffe.biz | €

⑦ *Kaffee und Design*
HAAS COFFEE COLLECTIVE

So selten und exotisch die Kaffeebohnen sind, die hier frisch geröstet und gemahlen werden, so besonders ist auch das Konzept des Cafés, das sich hinter der schwarzen Fassade eines eleganten viktorianischen Hauses verbirgt. Duftender Kaffee und riesige Stücke von selbst gebackenem Kuchen werden von elegant gekleideten Kellnern serviert, und in der angegliederten Galerie können Kunsthandwerk und Wohnaccessoires erworben werden.

19 Buitenkant Street | Tel. 0 21/4 61 18 12 | www.haascollective.com | €

⑧ *Bestes Fleisch*
CARNE SA

Das italienisch inspirierte Lokal ist ein wahres Paradies für Fleischliebhaber und gehört zu den besten Steakhäusern des Landes. Die edlen Fleischspezialitäten stammen von der eigenen Farm und werden vom Gast in rohem Zustand ausgewählt. Das Angebot reicht von Lammkeulen über Filetstücke vom Wild bis zum schwergewichtigen Florentiner Steak.

70 Keerom | Tel. 0 21/4 24 34 60 | www.carne-sa.com | €€€–€€€€

⑨ *Burgerparadies*
THE ROYALE EATERY

Burgerfans finden in dem originell dekorierten Restaurant eine unschlagbare Auswahl mit mehr als 50 verschiedenen Arten des klassischen Hamburgers – darunter auch raffinierte Varianten mit Patties aus Strauß, Fisch, vegetarisch oder vegan –, die mit knusprigen Süßkartoffeln oder anderen Beilagen serviert werden. Wer danach noch Platz im Magen hat, sollte auch die Milchshakes und Süßspeisen probieren.

273 Long Street | Tel. 0 21/4 22 45 36 | www.royaleeatery.com | €€

⑩ *Charmant*
KLOOF STREET HOUSE

Mitten auf der lebhaften Kloof Street und dennoch versteckt liegt das in einem prunkvollen viktorianischen Haus untergebrachte Restaurant, umgeben von einem sehr idyllischen Gärtchen mit Sitzplätzen im Freien. Beim abendlichen Dinner sorgen Kerzenleuchter für die Stimmung, und an der stilvollen Bar werden einige der besten Cocktails der Stadt gemixt.

30 Kloof Street | Tel. 0 21/4 23 44 13 | www.kloofstreethouse. co.za | €€

⑪ Indische Speisen
THALI

Ein tolles modernes indisches Kleinod mitten in Kapstadt. Die Räumlichkeiten sind gemütlich und stylish zugleich, besonders schön ist aber der ruhige Hinterhof, in dem an warmen Tagen und Abenden das Essen an Mosaiktischen genossen werden kann. Serviert wird ein wechselndes Drei-Gänge-Menü, das nicht aus klassischen indischen Gerichten besteht, sondern vielmehr eine eigene Interpretation der traditionellen Küche ist. Um in den Genuss der ganz unterschiedlichen Aromen zu kommen, am besten das Acht-Gänge-Menü für zwei probieren!

3 Park Road | Tel. 0 21/2 86 21 10 | www.chefswarehouse. co.za/thali | €€

⑫ Lokale Kreationen
BLACK SHEEP

Auch wenn sich in der Kloof Street einige sehr gute Restaurants aneinanderreihen, stechen wenige aus der Menge heraus. Das Black Sheep ist ganz klar eines davon. Das Menü wechselt täglich, eine feste Karte gibt es nicht, stattdessen wird an die Tafel geschrieben, was frisch aufgetischt wird. Dazu zählen feine Kreationen aus lokalen Produkten, die mit einem kreativen Mix der Küchen aus Europa, Nordafrika, dem Mittleren Osten und Asien Kapstadts kulinarische und geschichtliche Historie würdigen.

104 Kloof Street | Tel. 021/4 26 26 61 | www.blacksheeprestaurant. co.za | €€-€€€

Einkaufen

⑬ Gewürzmekka
ATLAS TRADING

Schon beim Betreten des seit 1946 in Familienbesitz befindlichen Traditionsgeschäfts erschnuppern Besucher die Spezialität des Hauses: Gewürze! Diese sind hier in großer Auswahl neben typischen indischen Waren im Angebot. Die duftenden Aromen

Wer schönes Kunsthandwerk und andere Souvenirs sucht, sollte sich auf dem Flohmarkt des Greenmarket Square umsehen.

werden aus großen Holzkisten geschaufelt, sind aber auch in kleinen Mengen zu erhalten.

104 Wale Street | www.atlastrading company.co.za | Mo–Do 8.15–17.15, Fr 8.15–12, Sa 8.30–13 Uhr

⑭ Kunterbunte Souvenirs
GREENMARKET SQUARE FLOHMARKT

Wer auf der Suche nach traditionellen Souvenirs ist, findet diese auf dem lebhaften Flohmarkt am zweitältesten Platz der Stadt. Während Buschtrommeln lautstark ertönen und sich barfüßige Tänzer rhythmisch im Takt bewegen, wird um bunte Textilien und kunsthandwerkliche Produkte gefeilscht. Von geschnitzten Giraffen bis zu ausgefallenem Schmuck und von Hand bemalten Stoffen verkaufen die Händler alles, was zu Hause einen Hauch von Afrika hinterlässt.

Ecke Longmarket/Shortmarket Street | Mo–So 9–17 Uhr

⑮ Literatur-Institution
CLARKE'S BOOKSHOP

Ein Muss nicht nur für Leseratten ist der alteingesessene, charmante Buchladen in der Long Street. Hier stapeln sich alte und neue südafrikanische Literatur, neue und gebrauchte Bücher. Kaum ein literarischer Band, der jemals über das Land geschrieben wurde, ist hier nicht vertreten. Der Laden ist auch eine Fundgrube für antiquarische Bücher. Eine besonders große Auswahl findet sich zur Spezialität der Buchhandlung: südafrikanische Kunst. Schöne alte Holzböden, Wendeltreppen und überladene Bücherregale verleihen dem Traditionsgeschäft außerdem ein besonderes Flair.

199 Long Street | www.clarkes books.co.za | Mo–Fr 9–17, Sa 9.30–13 Uhr

⑯ *Schmuck und Taschen*
KIRSTEN GOSS & MISSIBABA

Dass ausgefallene Schmuckstücke kein Vermögen kosten müssen, beweist die südafrikanische Schmuckdesignerin Kirsten Goss mit ihrer trendigen Kollektion. Diese umfasst neben günstigeren auch edle Stücke mit besonderen Diamanten. Die ausgefallenen, handgemachten Taschenkreationen des jungen Labels Missibaba erstrahlen dagegen in bunten Farben und modernen afrikanischen Mustern. Alle Taschen und Accessoires werden im eigenen Atelier in Woodstock gefer-

tigt, das lokale Handwerkerinnen unterstützt.

229 Bree Street | www.kirstengoss. com, www.missibaba.com

⑰ *Lokales Interieur*
LIM

Die Abkürzung des Einrichtungsladens steht für *Less is more* und spiegelt dessen Stil wider. Im Geschäft von Pauline Mutlow finden sich schöne Objekte im modernen, afrikanisch inspirierten Design, darunter wunderschön geformte Holzschalen, rustikales Porzellan und ausgefallene Wohnaccessoires. Viele der angebotenen Produkte werden nach traditionellen afrikanischen Handwerkstechniken von einigen der besten Kunsthandwerkern der Region gefertigt.

86 Kloof Street | www.lim.co.za | Mo–Fr 9–17, Sa 9–13 Uhr

Abendgestaltung

⑱ *Heiliger Jazz*
THE CRYPT JAZZ CLUB

Livemusik in ungewöhnlichem Ambiente bietet der Jazzclub in der Krypta der berühmten St. George's-Kathedrale (→ S. 68). An fünf Tagen in der Woche treten hier erstklassige Bands auf und begeistern ihre Zuschauer mit mitreißenden Jazzrhythmen. Für die kulinarische Begleitung des Abends sorgt das dazugehörige Restaurant.

1 Wale Street | Tel. 0 79/6 83 46 58 | www.thecryptjazz.com | Eintritt: 55 Rand

⑲ *Geheimnisvoll*
THE GIN BAR

Etwas versteckt gelegen, hinter einem Schokoladengeschäft, erscheint die Bar auf den ersten Blick wie ein gut gehütetes Geheimversteck, das sich jedoch innerhalb kürzester Zeit in der Stadt herumgesprochen hat. Der romantische Innenhof der Gin Bar, der »Secret Courtyard«, erinnert mit seinem Charme an ähnliche Orte in Italien oder Spanien. Neben der schönen Location geht es hier aber vor allem um das, was eingeschenkt wird: mehr als 70 verschiedene Gins, darunter viele, die es nur in Südafrika gibt. Wer mehr über das Brennen und die unterschiedlichen Arten von Gin erfahren möchte, kann an einem Tasting teilnehmen.

64A Wale Street | 0 71/2 41 22 77 | www.theginbar.co.za

⑳ *Cocktails mit Aussicht*
TJING TJING

In einem 200 Jahre alten Gebäude befindet sich eine der wenigen Rooftop-Bars der Stadt. Zu ihren Spezialitäten gehören ausgefallene Cocktailkreationen wie The Earl (Earl-Grey-Tee, Honig, Ingwer, Limette, Gin) oder Asian Mary (Tomate, Pfeffer, Salz, Sellerie, Wasabi, Limette, Worcestersoße, Wodka) sowie Tapas. Die Einrichtung der Bar ist japanisch angehaucht, die Terrasse bietet Aussicht auf die Stadt bei Nacht.

165 Longmarket Street | Tel. 0 21/ 4 22 49 20 | www.tjingtjing.co.za

㉑ *Live-Jazz*
THE PIANO BAR

Die stilvolle Bar inmitten des Viertels De Waterkant ist von den Jazzbars in New York inspiriert. Der große Flügel steht in der Mitte des Raums und nimmt viel Platz weg, was zur familiären Atmosphäre der Bar beiträgt. Bei gutem Essen und gepflegten Cocktails gibt es jeden Abend Livemusik, am Piano, mit Gesang oder Jazz-Trios.

47 Napier Street | www.thepiano bar.co.za | Eintritt frei

VICTORIA & ALFRED WATERFRONT A3

Das restaurierte Werft- und Hafengebiet in traumhafter Lage am Fuße des Tafelbergs vereint diverse Sehenswürdigkeiten, kulinarische Genüsse, attraktive Einkaufs- und Unterhaltungsmöglichkeiten. Seit seiner aufwendigen Sanierung gehört der einst schmuddelige Handelsplatz zu den beliebtesten Attraktionen in der Mother City. Zu den Top-Sehenswürdigkeiten der aufpolierten Waterfront zählen das Two Oceans Aquarium und das Zeitz MOCAA in einem alten umgestalteten Silo.

Sehenswertes

❶ MARKET SQUARE

Der weitläufige Platz bildet den Mittelpunkt der Waterfront und ist gleichzeitig ihr Unterhaltungszentrum. Hier versammeln sich täglich wechselnde **Straßenmusiker** und sorgen mit ihren Livekonzerten für eine ausgelassene Stimmung. Daneben zeigen diverse andere Künstler ihre vielfältigen Talente und unterhalten die Besucher.

Vor dem Hafenbecken (am Ausgang des Einkaufszentrums Victoria Wharf)

❷ NOBEL SQUARE

Der Platz wurde 2005 zu Ehren der vier Friedensnobelpreisträger Albert John Luthuli, Desmond Tutu, Frederik Willem de Klerk und Nelson Mandela eingeweiht, die als lebensgroße **Bronzeskulpturen** auf einer Granitfläche stehen. Alle vier Figuren sind halbkreisförmig angeordnet und stehen mit dem Rücken zum majestätischen Tafelberg. Neben den großen Persönlichkeiten des Landes steht eine fünfte Skulptur, die den Namen »Peace and Democracy« (Frieden und Demokratie) trägt und den Anteil von Frauen und Kindern am Demokratisierungsprozess würdigen soll.

North Quay

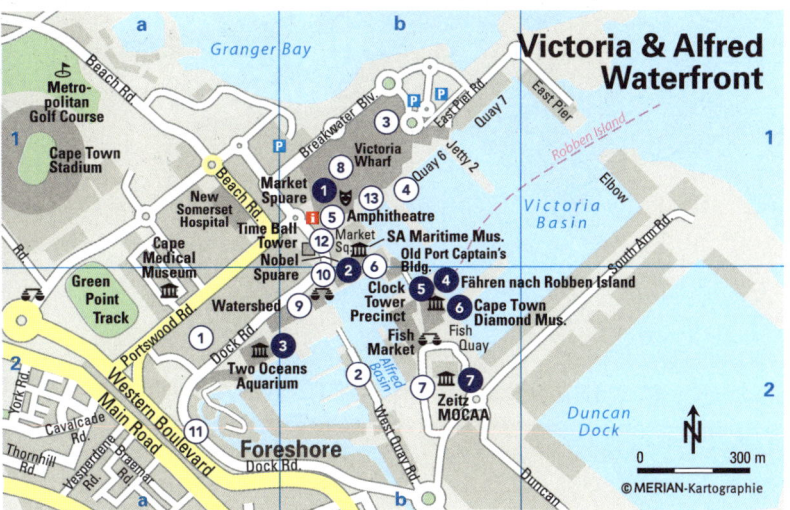

Victoria & Alfred Waterfront

MERIAN EMPFEHLUNG

3 TWO OCEANS AQUARIUM

Im schön gestalteten Aquarium können die Bewohner der beiden angrenzenden Ozeane bewundert werden. Mehr als 3000 Fische sind zu sehen, außerdem gibt es einen Bereich, in dem Pinguine aus nächster Nähe beobachtet werden können. Besonders beeindruckend ist der über mehrere Stockwerke reichende Wassertank, in dem Sandhaie, Meeresschildkröten,

Meeresschutz vor der Haustür: Das Two Oceans Aquarium unterhält auch eine Auffangstation für junge Meeresschildkröten.

FRAGEN AN DIE KURATORIN IM TWO OCEANS AQUARIUM

»Jeden Tag einen Unterschied für unseren Planeten machen.«

Das Two Oceans Aquarium (→ S. 81) bietet nicht nur einen interessanten Einblick in die Unterwasserwelt des Kaps, es leistet auch einen wichtigen Beitrag zum Umweltschutz. **Maryke Musson** ist Kuratorin des Aquariums und hat seinen Aufbau vor 26 Jahren mitbegleitet. Heute ist die Meeresbiologin außerdem CEO der gemeinnützigen Two Oceans Aquarium Education Foundation, die mit ihrer Bildungs- und Forschungsarbeit zu einem stärkeren Bewusstsein für soziale und ökologische Themen beiträgt. Im Interview erzählt sie, was es damit auf sich hat und warum die Unterwasserwelt um Kapstadt so einzigartig ist.

Welche Auswirkung hat die besondere geografische Lage des Kaps auf die Meereswelt?
Kapstadt und Südafrika verfügen aufgrund ihrer Lage mit dem kalten Atlantik an der Westküste und dem warmen Indischen

Ozean an der Ostküste über ein einzigartiges Meeresökosystem. Der kühle nährstoffreiche Ozean bietet eine ideale Umgebung und ausreichend Nahrung für Arten wie Haie, Robben, Pinguine und Wale. Weiter nördlich an der Ostküste ist die Vielfalt mit einer Mischung aus kalten, gemäßigten und tropischen Fischarten sogar noch größer.

Was sind die typischen Meeresbewohner am Kap?
Kapstadt ist bekannt für seine wunderschönen Tangwälder, in denen diverse Kaltwasserfischarten leben – wie auch der südafrikanische Nationalfisch Galjoen. Außerdem machen Westküsten-Hummer und eine Vielzahl von Kaltwasserkorallen, Anemonen und Seesternen diese magische Unterwasserwelt aus. Oft werden auch verschiedene Haiarten gesichtet, darunter der bekannteste, der Weiße Haie. Im Moment sind diese aber wegen der Anwesenheit von Orcas weiter nördlich entlang der Küste gezogen. Auf den Inseln vor Kapstadt existieren zudem große Robbenkolonien und eine wunderbare Pinguinkolonie am Boulders Beach.

»Die Artenvielfalt in diesen Lebensräumen ist unglaublich und gilt als wertvolle südafrikanische Ressource.«

Was ist das Ziel des Aquariums, im Hinblick auf seine soziale und ökologische Verantwortung?
Die Mission des Aquariums ist die Erhaltung von gesunden Ozeanen und soll zum Handeln für das zukünftige Wohl der Meere inspirieren. Ziel der Two Oceans Aquarium Education Foundation ist es gleichzeitig, alle Menschen durch Bildung, Forschung und Erhalt mit ihrer natürlichen Umwelt und dem Ozean zu verbinden. Schwerpunkte sind dabei die Sensibilisierung für Plastikverschmutzung und nachhaltige Fischerei, zu beiden Themen gab es bereits besondere Kampagnen. Die verschiedenen Bildungsprogramme tragen zur Entwicklung und Förderung einer zukünftigen Generation umweltbewusster Führungskräfte, Unternehmer und Entscheidungsträger bei. Für seine Nachhaltigkeitspraktiken wurde das Aquarium bereits mehrmals ausgezeichnet.

Rochen und andere Meereslebewesen ihre Runden drehen. Wer mutig ist und einen Tauchschein besitzt, kann sogar zu ihnen hinabsteigen. Die Terrasse des integrierten **Shoreline Café** ist mit ihrem Blick auf die Marina und den Tafelberg ein schöner Ort für eine Pause.

Dock Road | www.aquarium.co.za | tgl. 9.30–18 Uhr | 185 Rand, Kinder 90–140 Rand

MERIAN TOP 10

4 ROBBEN ISLAND

Vom **Nelson Mandela Gateway** (neben dem Clock Tower) fahren mehrmals täglich Fähren zur ehemaligen Gefängnisinsel Robben Island. Vom 17. bis 20. Jh. waren dort hauptsächlich politische Gefangene inhaftiert. Weltweit bekannt wurde sie jedoch durch ihren prominentesten Häftling: Nelson Mandela, der zu Zeiten der Apartheid 18 seiner insgesamt 27 Haftjahre in diesem Hochsicherheitsgefängnis absitzen musste. Heute ist Robben Island einer der bedeutsamsten Orte der südafrikanischen Geschichte und Erinnerung. Jedes Jahr kommen Scharen von Besuchern aus aller Welt, die von ehemaligen Häftlingen über die Insel geführt werden. Die Tour dauert ab Festland ca. 3,5 Stunden.

Nelson Mandela Gateway to Robben Island | www.robben-island.org.za | Mo–So 8–17 Uhr, Abfahrt 9, 11, 13 und 15 Uhr (wetterabhängig; 30 Min. vor Abfahrt da sein) | 550 Rand, Kinder 350 Rand

5 CLOCK TOWER PRECINCT

Der wunderschön restaurierte Uhrenturm galt in früheren Zeiten als Richtwert für die offiziellen Ein- und Auslaufzeiten von Schiffen. Der Bau, der heute zu den ältesten der Stadt zählt, beheimatete damals das Büro des Hafenkapitäns. Vor einigen Jahren ist um den Turm herum ein neues Gebäude entstanden, in dem neben Restaurants und Geschäften auch ein modernes Konferenzzentrum und eine Touristeninformation untergebracht sind. Im Wasser unterhalb des Turms tummelt sich eine **Kolonie von Seehunden**. Bei einem entspannten

Der restaurierte Uhrenturm an der V&A Waterfront aus dem Jahr 1882 zeigt sich heute wieder in seinem originalgetreuen roten Anstrich.

Spaziergang entlang der Waterfront lässt sich hier ein kurzweiliger Zwischenstopp einlegen, bei dem man die verspielten Tiere wunderbar beobachten kann.

Fish Quay

⑥ CAPE TOWN DIAMOND MUSEUM

Im Diamantenmuseum des Edeljuweliers Shimansky dreht sich alles um die funkelnden Steine. Besucher erhalten interessante Informationen zur drei Milliarden Jahre andauernden Entwicklung von der Entstehung der Rohdiamanten bis zum fertig geschliffenen Stein. Beeindruckend sind auch die originalgetreuen Nachbildungen der weltweit größten und teuersten Diamanten, darunter ein Replikat des Cullinan-Diamanten – mit mehr als 3000 Karat einst der größte Diamant der Welt. Er wurde 1905 in Südafrika gefunden. Außerdem gehören wertvolle Originale der funkelnden Steine zur Ausstellung. In der gläsernen Werkstatt können Besucher Diamantenschleifer bei der Arbeit beobachten.

Clock Tower, 1. Stock | www.capetowndiamondmuseum.org | tgl. 9–21 Uhr | Eintritt frei

Die winzige ehemalige Zelle Nelson Mandelas auf der Gefängnisinsel Robben
Island enthielt nur das Allernötigste.

ROBBEN ISLAND UND NELSON MANDELA

Die Hölleninsel der Freiheitskämpfer

Mitten im Meer, 13 Kilometer entfernt von Kapstadt, liegt das
einstige Hochsicherheitsgefängnis Robben Island. Die kalten
Fluten des Atlantiks machten eine Flucht von der gefürchteten
Insel nahezu unmöglich. Das **Alcatraz Südafrikas** diente ursprünglich als Versorgungsstation für Schiffe und als Verban-
nungsort für Leprakranke, bevor es zur Haftanstalt wurde. Berühmt wurde Robben Island durch ihren prominentesten
Häftling, Nelson Mandela, der in einer winzigen Zelle fast zwei
Jahrzehnte absitzen musste.

Heute gehört die einstige Hölleninsel als monumentale Ge-
denkstätte zu den bedeutendsten Denkmälern und interessan-
testen Sehenswürdigkeiten des Landes. Besucher werden von
ehemaligen Häftlingen über die Insel geführt und erhalten einen einzigartigen Einblick in deren Geschichte.

Schon im 16. Jahrhundert rankten sich grausame Geschichten um Robben Island, das zunächst von den Holländern zur
Versorgung ihrer Schiffe genutzt wurde. Später fand die Insel,

auch unter den Briten, ihre Verwendung als Sträflingskolonie. In den Steinbrüchen von Robben Island wurde Schiefer als Baumaterial für das Castle of Good Hope (→ S. 65) und andere Bauwerke gewonnen. Im 18. Jahrhundert wurde mit Tuan Guru erstmals ein prominenter Vertreter der muslimischen Gemeinde auf die Gefangeneninsel verbannt, später folgten mehrere Xhosa-Anführer. Robben Island wurde bereits in dieser Zeit zum Exil für Aussätzige.

Während der Apartheid waren auf der Gefängnisinsel viele **politische Häftlinge** inhaftiert. Im eisigen Winter 1964 kam der Freiheitskämpfer Nelson Mandela nach Robben Island und musste hier unter menschenverachtenden Bedingungen 18 Jahre seiner insgesamt 27 Jahre andauernden Haftstrafe absitzen. Aus Angst, Mandela könnte andere Häftlinge mit seinem politischen Gedankengut »infizieren«, wurden er und andere ANC-Führer zunächst von ihren Mitinsassen isoliert untergebracht. Die meisten anderen Gefangenen, darunter 3000 politische Häftlinge, waren gemeinsam mit 60 oder 70 Mann in kahlen Zellen eingepfercht. Zum Schlafen wurde lediglich eine dünne Matte auf dem nasskalten Boden ausgerollt. Zum Gefängnisalltag gehörten neben harter Arbeit auch Hunger sowie Prügel und Demütigungen durch die ausschließlich weißen Wärter. Seine Zeit auf Robben Island bezeichnete Mandela später als »die schwarzen Jahre«.

Erst nach vielen Jahren verbesserte sich die Situation auf der Gefängnisinsel, weil Mandela **Verbesserungen der Haftbedingungen** durchsetzen konnte. Zu dieser Zeit nutzten neben ihm auch andere Gefangene die Haftzeit zur Weiterbildung, weshalb Robben Island den Spitznamen »Mandela University« bekam. 1982 wurde *Madiba* ins Pollsmoor-Gefängnis verlegt, wo er weitere sechs Jahre verbrachte. Der weitere Verlauf seiner Biografie ist weitreichend bekannt. Als er 1994 zum ersten schwarzen Präsidenten gewählt wurde, nahm er elf seiner ehemaligen Mithäftlinge in seine Regierung auf. Niemand hat Südafrika so sehr geprägt wie Nelson Mandela, der zum weltweiten Idol wurde und es auch noch lange nach seinem Tod im Jahr 2013 bleiben wird.

Im futuristischen Museumsbau des Zeitz MOCAA, gestaltet vom Londoner Architekten Thomas Heatherwick, hat afrikanische Kunst ein neues Zuhause gefunden.

3 MERIAN EMPFEHLUNG

7 ZEITZ MOCAA

Wer den wohl spektakulärsten Museumsbau Afrikas betritt, blickt erst einmal nach oben – durch das 27 m hohe kathedralartige Atrium des ehemaligen Silos, der seit 2017 die weltweit größte Sammlung zeitgenössischer afrikanischer Kunst beherbergt. Danach geht es weiter auf Erkundungstour: Gläserne Fahrstühle und steile Wendeltreppen bringen Besucher zu beeindruckenden 80 Galerien auf neun Etagen, inklusive einem Skulpturengarten auf dem Dach. Für die Errichtung des **Zeitz Museum of Contemporary Art Africa** (Zeitz MOCAA) wurde drei Jahre lang ein alter Getreidesilo für rund 500 Mio. Rand (31,4 Mio. €) umgebaut. Das Ergebnis ist eine architektonische Meisterleistung. Die Idee dazu hatte der Kunstsammler und frühere Puma-Chef Jochen Zeitz. Am schönsten wirkt das ungewöhnliche Gebäude am Abend, wenn sich die Lichter der Waterfront in der Verglasung des Gebäudes spiegeln.

Silo Square | www.zeitzmocaa.museum | tgl. 10–18 Uhr | 200 Rand, Kinder frei

Übernachten

① *Zentrale Lage*
PROTEA WATER-FRONT BREAKWATER LODGE

Das historische Gebäude aus dem 19. Jh. wirkt auf den ersten Blick nicht gerade wie ein typisches Hotel, sondern vielmehr wie eine Burg. Tatsächlich waren hier bis vor gar nicht allzu langer Zeit Häftlinge eingesperrt. Seit 1989 ist in dem Bau ein Hotel mit modern gestalteten Zimmern untergebracht. Neben der tollen Terrasse bieten auch einige der Zimmer einen schönen Blick auf die fußläufig erreichbare Waterfront.
Portswood Road | Tel. 0 21/4 06 19 11 | www.breakwaterlodge. co.za | 191 Zimmer | €€

② *Mit Stil*
CAPE GRACE HOTEL

Das Luxushotel zeichnet sich vor allem durch seine einmalige Lage am Jachthafen, umgeben von Wasser, aus. Jedes Zimmer ist individuell eingerichtet und mit handbemalten Stoffen und afrikanischen Kunstwerken ausgestattet. Im hauseigenen, preisgekrönten Fine-dining-Restaurant Sig-nal werden in elegantem Ambiente feine Gerichte der Kap-Küche serviert.
West Quay Road | Tel. 0 21/4 10 71 00 | www.capegrace.com | 107 Zimmer | €€€€

Essen und Trinken

③ *Sushitempel*
WILLOUGHBY & CO

Laut und hektisch geht es hier zu, und die Lage inmitten eines Einkaufszentrums spricht auch nicht gerade für sich, dennoch gehört das Willoughby seit vielen Jahren zu den Institutionen der Kapstädter Restaurantszene. Der Laden ist für viele Besucher der Ort, an dem es das beste Sushi der Welt gibt. Das erklärt auch die zeitweise langen Warteschlangen vor dem Eingang. Die frischen Fischspezialitäten werden von japanischen Sushimeistern am Tresen zubereitet.
Victoria Wharf, Shop 6132 | Tel. 0 21/4 18 61 15 | www. willoughbyandco.co.za | €€–€€€

④ *Steak und Wein*
BELTHAZAR

Seit vielen Jahren gehört das an der Piazza gelegene Restaurant zu den besten Steakhäusern der Stadt. Die hier gebotenen Fleischspezialitäten, darunter auch eine gute Auswahl an heimischen Wildspezialitäten wie Strauß oder Kudu (Antilope), sind von hervorragender Qualität. Absolut phänomenal ist neben dem Essen auch die riesige Weinauswahl: Mehr als 250 offene Weine und 600 Flaschenweine bieten die ideale Begleitung zum Essen für jeden Geschmack.

Victoria Wharf, Shop 153 | Tel. 0 21/4 21 37 53 | www. belthazar.co.za | €€€

⑤ *Köstliche Backwaren*
VOVO TELO

Beim Eintreten in das gemütliche Café mit hauseigener Bäckerei weht einem bereits der Duft von frischem Brot entgegen. Sämtliche Teigwaren werden in der offenen Bäckerei geknetet und gebacken. Neben leckeren Kuchen, Törtchen und Kaffeespezialitäten werden auch ein sehr gutes Frühstück und leichtere Gerichte zum Mittagessen oder als Stärkung zwischendurch angeboten.

Building 33, Shop 2, Dock Road | Tel. 0 21/4 18 37 50 | www.vovotelo. co.za | €

⑥ *Stylishe Tapasbar*
LA PARADA

In bester Lage am Pier und mit Wasserblick befindet sich die spanisch inspirierte Tapasbar mit schönem Interieur: Die Böden sind mit bunten Fliesen im mediterranen Stil ausgelegt, die Wände schmücken ausgefallen gemusterte Tapeten, außerdem gibt es vielseitige Kunst und Deko. Das Essen wird in liebevoll angerichteten kleinen Portionen zum Teilen serviert, damit jeder möglichst viel von den vielfältigen Gerichten probieren kann.

1 Dock Road | Tel. 0 21/4 18 30 03 | www.laparada.co.za/ waterfront | €€

⑦ *Spektakuläres Ambiente*
THE SILO ROOFTOP & GRANARY CAFÉ

In den obersten Stockwerken des umgebauten Silos befindet sich das luxuriöseste Hotel der Stadt. Die Zimmer des Fünf-Sterne-Hotels sprengen zwar das Budget der meisten Reisenden, im hauseigenen Restaurant Granary Café lässt sich jedoch zu erschwinglicheren Preisen ein Afternoon Tea, Lunch oder Dinner mit erstklassigem Blick auf die Waterfront und den Tafelberg genießen. Die beste Aussicht bietet die Dachterrasse des Hotels – der wohl schönste Platz für einen Sundowner in der Mother City.

Silo Square | Tel. 0 21/6 70 05 00 | www.theroyalportfolio.com | €€€

Einkaufen

⑧ *Riesige Auswahl* VICTORIA WHARF

Das mit 450 unterschiedlichsten Geschäften größte Einkaufszentrum des Stadtzentrums versammelt neben diversen Modeboutiquen lokaler und internationaler Marken auch Juweliere, Souvenirläden, einige Kunstgalerien, Lebensmittelgeschäfte sowie Restaurants, Cafés und das Springbok Experience Rugby Museum.

www.waterfront.co.za | tgl. 9–21 Uhr

4 MERIAN EMPFEHLUNG

⑨ *Lokales Design* WATERSHED

In der vor wenigen Jahren neu eröffneten Einkaufshalle in der V&A Waterfront sind mehr als 150 Stände von lokalen Anbietern untergebracht, die sehr gut sortiertes afrikanisches Kunsthandwerk, Kleidung und verschiedenste Accessoires verkaufen. Einige der Anbieter unterstützen soziale Projekte in den Townships. Wer auf der Suche nach originellen Souvenirs ist, wird hier garantiert fündig.

V&A Waterfront | Dock Road | www.waterfront.co.za/area/water shed | tgl. 10–19 Uhr

⑩ *Food-Markt* V&A MARKET ON THE WHARF

Der kulinarische Markt ist ein Paradies für Genießer. An mehr als 40 Ständen bieten regionale Aussteller internationale Spezialitäten wie mexikanische Tacos, indische Samosas und amerikanische Corndogs an. Selbst deutsche Backwaren sind hier am Stand der Royal Bavarian Bakery vertreten. Zum Mitnehmen für zu Hause werden feine Gewürze, Wurst- und Käsespezialitäten, Tees, Küchentextilien und Porzellanwaren verkauft.

Eingang neben dem Nobel Square | www.marketonthewharf. co.za | Mai–Okt. 10–18, Nov. bis April 10–20 Uhr

Abendgestaltung

⑪ *Lachmuskeltraining*
CAPE TOWN
COMEDY CLUB

Im Club des lokal bekannten Comedians Kurt Schoonrad stehen täglich wechselnde Künstler auf der Bühne, darunter auch der Gründer selbst. Das Publikum des renommierten Dinner-Theaters wird mit bester Stand-up-Comedy zum Lachen gebracht.

The Pumphouse, Dock Road | www.capetowncomedy.com

⑫ *Cocktail-Labor*
CAUSE | EFFECT

In der neu eröffneten Bar werden nicht einfach nur Drinks gemixt und eingeschenkt. Die Zubereitung der ausgefallenen Kreationen ist eine Wissenschaft für sich, wie die vielen Zutaten in klassischen Apothekergläsern und Glaskolben hinter der langen Bar zeigen. Die Barkeeper zelebrieren ihre Arbeit mit einer ansteckenden Begeisterung und reichen nach teilweise aufwendigen Prozeduren Drinks in rauchenden oder blubbernden Gefäßen über den Tresen. Neben den kreativsten Cocktails der Stadt werden hier auch mehr als 60 Brandys angeboten.

280 Dock Road | Tel. 0 21/4 22 02 66 | www.causeandeffect.co.za

Aktivitäten

⑬ *Sundowner-Bootstouren*
WATERFRONT CHARTERS

Bei Sonnenuntergang auf dem Wasser schippern und dabei ganz entspannt die schöne Tafelbucht im dramatischen Farbenspiel betrachten – schöner kann der Tag kaum enden. Am Hafen bieten Katamarane und Segelschiffe Bootstouren inklusive Sundowner-Drinks an. Die genaue Route ist abhängig von den Windbedingungen zum Zeitpunkt des Ausflugs. Die Aussichten sind in jedem Fall traumhaft. In der Walsaison können Meeressäuger mit etwas Glück sogar aus nächster Nähe beobachtet werden.

V&A Waterfront | www.waterfrontcharters.co.za | tgl. Abfahrt 17.15–19 Uhr (je nach Jahreszeit) | versch. Touren, z. B. Champagne Sunset Cruise 405 Rand, Kinder 202 Rand

Schlemmerparadies Woodstock: Auf dem Neighbourgoods Market (s. S. 98) in der Old Biscuit Mill trifft man sich am Wochenende.

WOODSTOCK UND OBSERVATORY A3

9345 bzw. 9200 Einwohner

Noch vor einigen Jahren war Woodstock ein tristes Industrieviertel mit schlechtem Ruf, heute ist es das pulsierendste Viertel der Stadt. In dem östlich des Zentrums gelegenen Stadtteil trifft sich Kapstadts Kreativszene. Aus einst verfallenen Gebäuden haben sich trendige Mode- und Möbelläden, Kunstgalerien und Bürolofts entwickelt. Einige der besten Galerien sind hier vertreten und stellen die Arbeiten von lokalen und internationalen Künstlern aus. Rund um die **Albert Road** präsentieren Designer ihre Kreationen, und auch in der Restaurantszene hat sich viel getan: Der Starkoch Luke Dale-Roberts ist hier mit gleich zwei Restaurants (The Test Kitchen und Pot Luck Clu, → S. 98, 97) vertreten. Am Wochenende findet in einer stillgelegten Mühle einer der schönsten Food-Märkte statt. Genau wie Woodstock hat sich auch das ehemalige Arbeiterviertel Observatory, von den Locals abgekürzt »Obs« genannt,

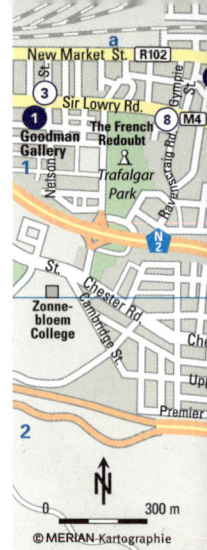

SEHENSWERTES

1 Goodman Gallery

2 Trendviertel
Woodstock ★

3 Streetart in
Woodstock ◉

4 South African Astronomical Observatory

ÜBERNACHTEN

1 Stock Exchange Hotel

2 Aloe House Bed and
Breakfast

ESSEN UND TRINKEN

3 The Kitchen

4 Pot Luck Club

5 The Test Kitchen

EINKAUFEN

6 The Woodstock
Exchange

7 Neighbourgoods
Market

AKTIVITÄTEN

8 Juma Art Tours

zum In-Viertel entwickelt. Geprägt ist der im Südosten an Woodstock grenzende Stadtteil dank seiner Nähe zur Universität vor allem durch Studenten. Mehr als 25 000 Studenten zählt die am Fuße des Devil's Peak liegende **University of Cape Town** (UCT), darunter rund 5000 Gaststudenten aus dem Ausland. Die kleinen Häuschen im viktorianischen Baustil erinnern an das Stadtbild einer englischen Kleinstadt. Die **Lower Main Road** ist mit ihren vielen Restaurants, Bars und Cafés ein beliebter Treffpunkt, vor allem für junge Leute.

Sehenswertes

1 GOODMAN GALLERY

Die international renommierte Galerie wurde in den 1960er-Jahren gegründet und widersetzte sich bereits damals den Repressionen der Apartheid. Auch heute noch konzentriert man sich hier auf hochwertige zeitgenössische südafrikanische und afrikanische Kunst und stellt die ikonischen Werke in einem äußerst schicken Loft mit hohen Decken und glänzenden weißen Fußböden aus.

176 Sir Lowry Street (Fairweather House, 3. OG) | www.goodman-gallery.com | Di–Fr 9.30–17.30, Sa 10–16 Uhr

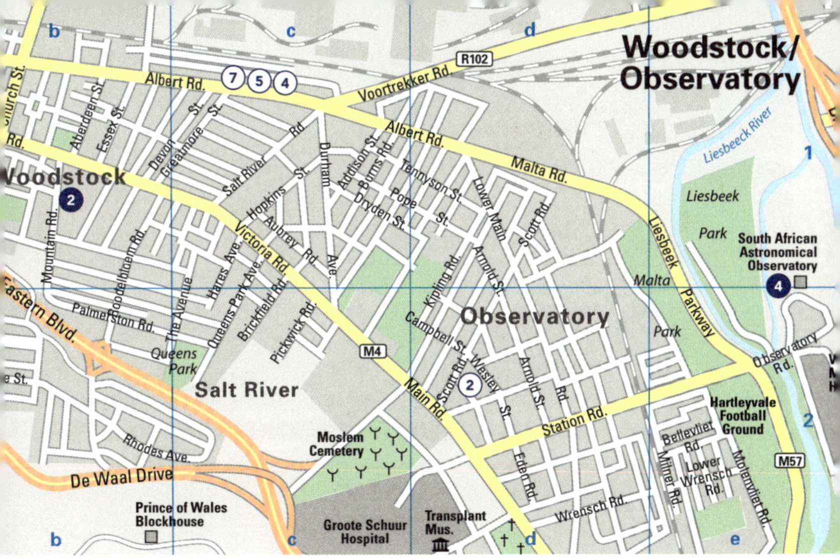

Woodstock/ Observatory

MERIAN TOP 10

② **TRENDVIERTEL WOODSTOCK**

Nicht nur Künstler, Designer und Musiker haben hier ihre Quartiere bezogen, sondern auch Unternehmen wie Google und diverse Start-up-Unternehmen. Die Einkaufsmöglichkeiten sind so vielfältig wie die Restaurantszene. Viele der kleinen Cafés und Restaurants arbeiten kreativ mit lokalen Produkten. Jeden Samstag wird die **Old Biscuit Mill** zum beliebten Treffpunkt von Hipstern und Foodies.

IM VORBEIGEHEN ENTDECKT

③ **STREETART IN WOODSTOCK**

Im Kreativviertel Woodstock ist Kunst nicht nur in den Galerien zu finden, sondern auch und vor allem auf der Straße. Mehr als 500 Streetart-Werke sind in den letzten Jahren entstanden, neue Graffitis von jungen aufstrebenden Künstlern kommen stetig hinzu, während andere wieder verschwinden. An vielen Ecken des Viertels gibt es etwas zu sehen, die meisten Kunstwerke befinden sich jedoch an den Häuserwänden zwischen Albert und Victoria Road.

Kreative Auseinandersetzung mit der Vergangenheit: Fantasievolle Wandbilder und Grafittis sind in Woodstocks Straßen allgegenwärtig.

❹ SOUTH AFRICAN ASTRONOMICAL OBSERVATORY

Der ältesten Sternwarte Südafrikas verdankt das Viertel Observatory seinen Namen. Im schönen historischen Hauptgebäude, das zum nationalen Kulturerbe gehört, befinden sich heute das Zentrum für Astronomie und eine astronomische Bibliothek. Jeden zweiten und vierten Samstag im Monat finden um 20 Uhr interessante Führungen statt. Bei gutem Wetter besteht dann auch die Möglichkeit, mit bereitgestellten Teleskopen die Sterne zu beobachten.

1 Observatory Road | www.saao.ac.za

Übernachten

① *Moderne Apartments* STOCK EXCHANGE HOTEL

Das neue Apartmenthotel befindet sich gegenüber dem Woodstock Exchange in einem modernen Gebäudekomplex, in dem es auch kleinere Shops und Restaurants gibt. Die 33 stylishen Apartments sind in unterschiedlichen Stilen eingerichtet und mit bunten Accessoires von lokalen Herstellern gestaltet.

Möbel, Kunst- und Dekorationsobjekte sind mit einer Designkarte versehen, die angibt, wo die Waren käuflich zu erwerben sind.

Woodstock | 85 Albert Road | Tel. 0 21/1 11 04 56 | www.new markhotels.com | 33 Zimmer | €€

② *Liebevoll restauriert*
ALOE HOUSE BED AND BREAKFAST

Das kleine Gästehaus mit nur drei Zimmern befindet sich in einem charmanten viktorianischen Cottage mit schönem Garten. Der deutsche Gastgeber Frank Gaude ist vor vielen Jahren zum Studieren ans Kap gekommen und hat sich dann hier niedergelassen. Mit viel Aufmerksamkeit für das Wohl seiner Gäste sorgt er dafür, dass sie sich wie zu Hause fühlen.

Observatory | 16 Wesley Street | Tel. 0 21/4 48 53 37 | www.aloe house.co.za | 3 Zimmer | €

Essen und Trinken

③ *Mittagstisch*
THE KITCHEN

Die sympathische Restaurantbesitzerin und Kochbuchautorin Karen Dudley wurde mit ihren »Love Sandwiches«

und köstlichen Salatkreationen berühmt. In ihrem liebevoll eingerichteten kleinen Restaurant ist vor allem mittags viel los. Auch prominente Gäste wie Michelle Obama waren schon zu Besuch. An der offenen Theke stellen sich Gäste ihre eigenen Kombinationen aus rund 20 täglich wechselnden Salaten zusammen. Dazu gibt es Beilagen wie Falafel, gegrilltes Hähnchen oder Würstchen in Honig-Senf-Marinade.

Woodstock | 111 Sir Lowry Road | Tel. 0 21/4 62 22 01 | www.karen dudley.co.za | €

④ *Fusion-Tapas*
POT LUCK CLUB

Ebenfalls in der Old Biscuit Mill gelegen und von Starkoch Luke Dale Roberts geführt, befindet sich der Pot Luck Club im obersten Stock des Silos und bietet vor allem am Abend eine tolle Aussicht auf das Lichtermeer der Stadt. Die hervorragende Küche ist international inspiriert und reicht vom Springbock-Carpaccio bis zum Caipirinha-Lolly. Alle Gerichte werden in kleinen Portionen als Tapas zum Teilen serviert. Auch die ausgefallenen Cocktails, die in hübschen Gläsern serviert werden, sollten probiert werden. Unbedingt im Voraus reservieren!

Woodstock | The Old Biscuit Mill | Tel. 0 21/4 47 08 04 | www.thetestkitchen.co.za | €€€–€€€€

⑤ Für Feinschmecker
THE TEST KITCHEN

Das erfolgreiche Gourmetrestaurant des südafrikanischen Spitzenkochs Luke Dale-Roberts hat bereits zahlreiche Auszeichnungen erhalten: Mehrere Jahre hintereinander wurde es zum besten Restaurant Südafrikas gekürt, außerdem gehört es zu den Top 50 der Welt. Das Essen wird hier zum Erlebnis für alle Sinne: Die feinen Gerichte werden nach einem Umbau des Restaurants neuerdings in einem hellen und einem dunklen Raum serviert und überraschen mit ausgefallenen Kombinationen aus aller Welt. Einziger Nachteil: Um einen der begehrten Tische zu ergattern, sind Reservierungen lange im Voraus unbedingt notwendig.

Woodstock | The Old Biscuit Mill, 375 Albert Road | Tel. 0 21/4 47 23 37 | www.thetestkitchen.co.za | €€€€

Einkaufen

⑥ Junges Design
THE WOODSTOCK EXCHANGE

Im trendigen Designzentrum WEX treffen junge Kreative und Unternehmen aufeinander, um nach ihren ganz eigenen Vorstellungen zu experimentieren. Neben lokalen Designern sind in dem Komplex zudem Möbelmacher, Illustratoren, Musiker, Fotografen und andere Kunstschaffende vertreten, die ihre Werke ausstellen und verkaufen. In den kleinen Geschäften gibt es auch eine schöne Auswahl an Kunsthandwerk sowie nachhaltig produzierter Kleidung, Schmuck und Accessoires. Daneben gibt es stylische Cafés und kleinere Restaurants.

Woodstock | 66-68 Albert Road | www.woodstockexchange.co.za | Mo–Fr 8–17, Sa 8–14 Uhr

⑦ Schlemmerparadies
NEIGHBOURGOODS MARKET

Wer zum Frühstück auf den beliebten Food market in der Old Biscuit Mill kommt, fühlt sich wie im Schlemmerparadies: Von den liebevoll deko-

Gemütliche Nachbarschaftscafés und kleine Restaurants laden im Design-Hotspot Woodstock Exchange zum Verweilen und Entspannen ein.

rierten Ständen der lokalen Anbieter duftet es nach frisch gebackenen Waffeln, Cupcakes und Kuchen, daneben brutzeln Burger und Steaks auf dem Grill, und Dim Sums dämpfen in Bambuskörben. Eine bessere und größere Frühstücksauswahl ist kaum zu finden. Das hat sich jedoch schnell rumgesprochen und dazu geführt, dass es vor allem in der Hauptsaison sehr voll werden kann. Frühes Kommen lohnt sich, um dem großen Andrang zu entgehen. Am besten viel Hunger mitbringen, um möglichst viel von den leckeren Spezialitäten zu probieren!

Woodstock | The Old Biscuit Mill, 373 Albert Road | www.neighbour goodsmarket.co.za | Sa 9–15 Uhr

Aktivitäten

⑧ *Streetart Tour*
JUMA ART TOURS

Wer mehr über die Streetart-Bewegung und -Szene von Woodstock erfahren möchte, erhält auf einer der Touren von Juma einen guten Einblick. In 30 bis 90 Minuten führt der lokale Kunstexperte seine Gäste zu den Highlights des Viertels, erzählt von den Künstlern, die sich hier verewigt haben, und von der Bedeutung ihrer Werke, in denen Themen wie Gentrifizierung oder Wilderei bedrohter Tierarten verarbeitet werden.

Woodstock | 2 Ravenscraig Road | Tel. 07 34/00 40 64 | www.jumaart tours.co.za | 150–350 Rand

Informelles Wohnen auf engstem Raum: In der schnell wachsenden Township Imizamo Yethu leben über 30 000 Menschen auf einer Fläche von nur 18 Hektar.

DIE WOHNVIERTEL DER ARMEN: KAPSTADTS TOWNSHIPS

Die andere Seite der Stadt

Kapstadt gehört zu den schönsten Städten der Welt, aber die Metropole hat auch eine dunkle Seite, die in einem extremen Gegensatz zu ihren Luxusvierteln steht. In den Townships am Stadtrand lebt die Mehrheit der farbigen und schwarzen Bevölkerung in teilweise erbärmlichen Verhältnissen.

Die **Cape Flats** sind als Produkt der Apartheid entstanden. Ihre Geschichte beginnt mit dem 1923 erlassenen *Urban Areas Act*, der städtische Gebiete in Wohngebiete für Schwarze und andere Bevölkerungsgruppen unterteilte. Als erste Township Kapstadts wurde daraufhin **Langa** (Xhosa für »Sonne«) 15 Kilometer südöstlich des Stadtzentrums als Wohngebiet für Schwarze errichtet. 1950 folgte der *Group Area Act*, mit dem streng voneinander getrennte Wohn- und Geschäftsbereiche für verschiedene Rassen geschaffen wurden. Wegen der drückenden Überbevölkerung in Langa wurden in den 1950er- und 1960er-Jahren zwei weitere Townships erbaut: **Nyanga**

(»Mond«) und **Gugulethu** (»Unser Stolz«). Kurz darauf räumte die Regierung rigoros vermeintlich illegale Wohnsiedlungen, die an weiße Wohngebiete grenzten. Viele Bezirke wurden trotz massivem Widerstand zerstört. Während die Hälfte der Bevölkerung aus dem Stadtgebiet vertrieben wurde, residierten die Weißen vornehmlich am Meer und in den ruhigeren Vororten. Im Zentrum wurden Schwarze nur noch geduldet, wenn sie eine Arbeitserlaubnis hatten und sich ausweisen konnten.

Weil die Bedingungen in anderen afrikanischen Ländern noch schlechter waren, kam es in den folgenden Jahren zu einer massiven Landflucht. 1982 lebten mehr als 40 % der Schwarzen illegal in Kapstadt. Sie errichteten immer mehr *shacks* (Baracken) und trugen zu einer hoffnungslosen Überfüllung der Townships bei. Die Stadtverwaltung wurde nicht mehr Herr der Lage, die sozialen Probleme wuchsen und mit ihnen auch der Unmut über die Regierung und das System. Immer mehr wurden die Townships zum **Zentrum des Widerstandes**. In den 1980er-Jahren wurde als weitere große Township **Khayelitsha** (»Neue Heimat«) gegründet. Sie ist bis heute die größte der Stadt.

> Ursprünglich auf 40 000 Bewohner ausgelegt, leben in Khayelitsha inzwischen mehr als eine Million Menschen.

Nach dem Ende der Apartheid nahm die Landflucht noch einmal stark zu. Die vielen Wanderarbeiter der Cape Flats holten ihre Familien zu sich, weitere Arbeiter kamen hinzu. Die genauen Einwohnerzahlen der Townships sind schwer zu erfassen, sicher ist jedoch, dass mehr als zwei Millionen Menschen und damit mehr als die Hälfte der Bevölkerung Kapstadts hier lebt. Nach der Apartheid kam es zwar zu kleinen Fortschritten durch die Verbesserung der Infrastruktur, dennoch sind die Bedingungen noch immer miserabel. Neben den kleinen überfüllten Häusern entstehen immer mehr Baracken aus Holz, Pappe und Blech. Abgesehen von der hohen Kriminalität und Gewaltbereitschaft gehören Arbeitslosigkeit und AIDS zu den größten Problemen der Armutsviertel. Trotz aller Schwierigkeiten gibt es jedoch einen bemerkenswerten Zusammenhalt in den einzelnen Gemeinschaften.

DIE KAP-HALBINSEL

Die abwechslungsreiche Fahrt von Kapstadt bis zum Kap der Guten Hoffnung und zurück führt vorbei an Traumstränden und grandiosen Landschaften. Sie ist ein absolutes Highlight und enthält einige interessante Zwischenstopps auf dem Weg, die nicht verpasst werden sollten.

Mit dem zentralen Stadtteil Green Point beginnt das **Atlantic Seaboard**, das die an der Atlantikküste gelegenen Stadtteile bezeichnet. Es zieht sich stadtauswärts über Sea Point bis nach Hout Bay und umfasst die dazwischenliegenden Nobelgegenden Clifton, Llundadno und Camps Bay. Entlang der Küste erstrecken sich traumhafte Strände mit weißem Sand und türkisfarbenem Wasser, an denen sich auffallend gut aussehende Menschen tummeln.

Weiter südlich, am endlos erscheinenden **Long Beach**, geht es ruhiger zu. Der Strand ist ein Paradies für Naturliebhaber. Trotz der unzähligen Traumstrände am Atlantik zieht es viele Urlauber und Einheimische zum Baden jedoch auf die andere Seite des Kaps, in die wärmeren Fluten des Indischen Ozeans. Rund um die **False Bay** liegen die schönen Badeorte Muizenberg, Kalk Bay und Simon's Town. Letzterer ist vor allem für die hier lebende Pinguinkolonie bekannt. Der Name »falsche Bucht« kommt übrigens daher, dass viele Seefahrer die Bucht oft fälschlicherweise für die Tafelbucht hielten. Heute eignet sich die False Bay gut zum Segeln und Angeln, da viele Fischschwärme vorbeiziehen. Gefürchtet ist dagegen der Weiße Hai, der sich ebenfalls hier sehen lässt.

Die legendäre Südspitze der Kap-Halbinsel mit dem **Kap der Guten Hoffnung** und dem Cape Point wartet mit einer spektakulären Landschaft auf und befindet sich inmitten eines wunderschönen Naturschutzgebiets.

Der Name ist Programm: Viel Grün prägt den Stadtteil Green Point mit dem gleichnamigen Park am Fuße des Signal Hill.

GREEN POINT A3

5400 Einwohner

Der Stadtteil Green Point liegt am Fuße des Signal Hill und wird auf der gegenüberliegenden Seite durch den Atlantischen Ozean begrenzt. Das Stadtbild ist vor allem vom **Green Point Common** geprägt, einer großflächigen Grünfläche mit Sporteinrichtungen. Der Neubau des zur Fußball-WM 2010 errichteten Cape Point Stadiums mit dem dazugehörigen Park hat das gesamte Areal verändert. Nahezu unverändert geblieben ist dagegen der Flohmarkt, der bereits seit vielen Jahren hier stattfindet. Die kilometerlange **Uferpromenade**, entlang der Atlantikküste vom Stadion bis nach Bantry Bay, ist beliebt bei Joggern und Spaziergängern. Einkaufsmöglichkeiten finden sich auf der belebten Main Road sowie im Einkaufszentrum Cape Quarter, das elegante Einrichtungsgeschäfte, Modeboutiquen und gute Gastronomieangebote beherbergt. Außerdem ist das schöne Viertel **De Waterkant** mit seinen pastellfarbenen Häusern, sehr guten Einkaufs- und Gastronomiemöglichkeiten fußläufig erreichbar.

Sehenswertes

CAPE TOWN STADIUM

In dem zur Fußball-WM errichteten Stadion finden heute neben Fußballspielen auch Konzerte von internationalen Stars und andere Großveranstaltungen statt. Weil eine regelmäßige Nutzung jedoch nicht gegeben ist, ein langfristiges Konzept fehlt und die Instandhaltung Millionen verschlingt, werden immer wieder Rufe laut, das Stadion abzureißen. Ein Besuch des Stadions, insbesondere bei Spielen der Nationalmannschaft, ist ein besonderes Erlebnis. Die gute Laune der sportbegeisterten Südafrikaner, die mit ihren Gesängen und Vuvuzelas für Stimmung sorgen, ist mitreißend. An veranstaltungsfreien Tagen werden geführte Besichtigungen angeboten.

Fritz Sonnenberg Road | www.capetownstadium.capetown.gov.za | Touren: Di und Do 12 Uhr (Dauer: 1 Std., Preis auf Anfrage)

GREEN POINT LIGHTHOUSE

Der bereits 1824 in Betrieb genommene rot-weiße Leuchtturm ist der älteste Südafrikas. Errichtet wurde er von Hermann Schütte, einem Steinmetz aus Norddeutschland. Bis heute ist der Leuchtturm mit seinen hellweißen Lichtsignalen und dem Nebelhorn im Einsatz. Unter der Woche ist er für Besucher geöffnet und kann besichtigt werden.

Ecke Mouille Point/Green Point | tagsüber geöffnet | Eintritt frei

Übernachten

Gut und günstig

CAPE STANDARD

Das in einer ruhigen Sackgasse gelegene Boutiquehotel ist eine gelungene Mischung aus modern gestyltem Beach house und gemütlichem Gästehaus mit traditionell afrikanischen Elementen. Im gesamten Haus wird viel Wert auf Nachhaltigkeit gelegt: Der Strom wird z.B. fast ausschließlich durch Solarwärme erzeugt, und an den Duschen und Wasserhähnen wurden Wassersparvorrichtungen angebracht. Außerdem werden mit den Einnahmen des Hotels soziale Projekte unterstützt. Neben dem Hotel gibt

Die Kap-Halbinsel

Robben Island 4

Bloubergstrand

R27

Table View 8

Durban-ville

M16

N7

N1

Table Bay

Paarden Island

Kapstadt

R102

Elsiesriver

Winelands 9

M10

Sea Point Promenade 6

Clifton Beaches 8

1

Bo-Kaap 5

Trendviertel Woodstock

Signal Hill 7

Clifton Bay 1

6

Camps Bay

Devil's Peak •1086 •1000 Tafelberg

Lion's Head

Tafelberg-Nationalpark

D.F. Malan Airport

Panoramastraße Garden Route

Leopard Bar 9

Lui Bay

Twelve Apostles

2

14

Kirstenbosch Botanical Garden

Nyanga

N2

10

Llandudno

M6

15

La Colombe

Sandy Bay

M63

Groot Constantia

M3

Princessvlei

M17

M7

Mitchells Plain

Hout Bay 10

Hout Bay

M4

Zeekoevlei

Rondevlei Bird Sanctuary

R310

Chapman's Peak 592

11

Lakeside

Sandvlei

Chapman's Point

Silvermine Nature Reserve

Muizenberg

Sunrise Beach

Chapman's Bay

Noordhoek

Peers Cave

St. James

Noordhoek

Sun Valley

Kalk Bay

Long Beach 12

Sunnydale

Rooikrans

Fish Hoek Bay

False Bay

Seal Island

Kommetjie

Ocean View

Fish Hoek

Platkop

Elsies Bay

Witsand Bay

Scarborough

Glencairn

Simon's Bay

Indischer

Mossel Bay

13

Boulders Beach

Schuster's Bay

Bonteberg

Simon's Town

Ozean

Swartkopberge

Millers Point

Atlantischer

M4

Ozean

Cape of Good Hope

M65

Smitswinkel Bay

Nature Reserve

Da Gama Mon.

Diaz Mon.

Buffels Bay

Muishond Bay

Platboom Bay

Vasco Da Gama Peak

Cape Point

Kap der Guten Hoffnung 7

N

0   9 km

© MERIAN-Kartographie

es auch eine Drei-Zimmer-Villa mit eigenem Pool.

3 Romney Road | Tel. 0 21/4 30 30 60 | www.capestandard.co.za | 9 Zimmer | €–€€

Essen und Trinken

Italienische Feinkost
GIOVANNI'S

Das italienische Café ist eine Kapstädter Feinschmeckerinstitution. Bekannt ist es vor allem für seine Kaffeespezialitäten – für viele gibt es hier den besten Cappuccino der Stadt. Außerdem werden italienische und lokale Delikatessen angeboten, die an der Theke ausgewählt und danach auf der belebten Terrasse oder zu Hause verzehrt werden können. Ein Genuss sind auch die feinen Sandwiches. Gute Auswahl an deutscher und internationaler Presse.

103 Main Road | Tel. 0 21/4 34 68 93 | www.anatoli.co.za | €–€€

Feinste Backkunst
JASONS BAKERY

Für die beiden Geschwister, die 2007 die erste Jason Bakery in der Bree Street als »kleines Loch in der Wand« eröffneten, bedeutet Backen noch echte Handarbeit – und das schmeckt man. Ihre Backwaren kommen so gut an, dass sie in Kapstadt bereits drei Cafés eröffnet haben, in denen ihre leckeren Brote und andere Backwaren genossen werden können. Das Frühstück, z. B. mit Avocado auf drei Tage lang gegorenem Sauerteigbrot, ist hier ebenfalls köstlich. Besonders beliebt sind auch die Donutkreationen der Bäckermeister, die jeden Samstag wechseln.

83 Main Road | Tel. 0 21/4 33 05 83 | www.jasonbakery.co.za

Türkische Küche
ANATOLI

Das in einem viktorianischen Haus untergebrachte traditionell türkische Restaurant ist wie ein kleines Stück Istanbul in Afrika. An den Wänden hängen orientalische Teppiche, alte Gemälde und traditionelles Kunsthandwerk. Zur Vorspeise gibt es warme und kalte Mezze mit frisch gebackenem Brot. Wer danach noch hungrig ist, sucht sich an der offenen Theke ein warmes Gericht wie Kebab-Spieße oder ein wechselndes vegetarisches Gericht aus.

24 Napier Street | Tel. 0 21/4 19 25 01 | www.anatoli.co.za | €€

Einkaufen

Feilschen erlaubt
GREEN POINT FLEA MARKET

Jeden Sonntag findet auf dem Parkplatz des Stadions Kapstadts größter Flohmarkt statt. Lokale Verkäufer bieten an Hunderten Marktständen Kunsthandwerk, Kleidung, Antiquitäten und kitschige Souvenirs an. Die angegebenen Preise sind verhandelbar – Feilschen gehört dazu.

Cape Town Stadium Parkplatz | So 8–17 Uhr

5 MERIAN EMPFEHLUNG

Lokale Genüsse
ORANJEZICHT CITY FARM MARKET

Der schönste Food-Markt der Stadt findet dreimal wöchentlich nahe der V&A Waterfront, mit tollem Blick auf die Granger Bay, statt. An den liebevoll dekorierten Ständen werden nicht nur saisonales Obst und Gemüse von lokalen Bauern und Spezialitäten der Region verkauft, es gibt auch ein vielfältiges Angebot von köstlichen Gerichten auf die Hand – von selbst gemachten Müslis, über französische Galettes bis zu saftigen Burgern. Bei der grandiosen Auswahl fällt die Entscheidung schwer, und da sich der Markt am Wochenende zum Hotspot für Foodies und Feinschmecker entwickelt hat, lohnt es sich, möglichst früh zu kommen, um die langen Schlangen (vor allem zu den späteren Frühstückszeiten) zu umgehen.

Granger Bay Boulevard | www.ozcf.co.za | Mi 16–20, Sa 8.15–14, So 9–15 Uhr

Einkaufen mit Stil
CAPE QUARTER LIFESTYLE VILLAGE

Das im historischen Bezirk De Waterkant gelegene gehobene Einkaufsviertel versammelt Modeboutiquen und Einrichtungsgeschäfte lokaler Produzenten, Kunst- und Antiquitätenhändler sowie Juweliere. Außerdem gibt es eine schöne Auswahl an Cafés und Restaurants. Selbstversorger können sich im gut sortierten Supermarkt eindecken, wo es auch eine gute Auswahl an Kleinigkeiten zum Mitnehmen gibt.

27 Somerset Road | www.capequarter.co.za | Mo–Fr 9–18, Sa 9–16, So 10–14 Uhr

Auf dem Oranjezicht Farm Market wird authentische Essenskultur zelebriert: mit frischen Produkten und Spezialitäten zum Einkaufen und Probieren.

EIN FOOD-MARKT FÜR LOKALE PRODUKTE

Viel mehr als gutes Essen

Food markets sind seit einigen Jahren ein großer Trend in Südafrika. Einer der schönsten ist der **Oranjezicht City Farm Market** nahe der V&A Waterfront, der sich aus der einst größten Farm der Region entwickelt hat. Im 17. Jahrhundert wurde die Oranjezicht City Farm (OZCF) von den Holländern zur Versorgung ihrer Schiffe genutzt. Heute setzt sich die gemeinnützige Organisation für eine Stärkung der städtischen Gemeinden durch Ernährung und Landwirtschaft ein.

Die Produkte der eigenen Farm sowie anderer lokaler Bauern werden auf dem OZCF-Markt (→ S. 107) angeboten. Wer hier etwas einkauft, tut nicht nur sich selbst etwas Gutes, sondern unterstützt auch regionale Bauern und ihr alternatives Lebensmittelsystem. **Cheryl Ozinsky** gehört zu den Gründern und Ideengebern des Marktes. Im Interview erzählt sie, welche Bedeutung der OZCF Market und die dazugehörige Farm für die lokale Gemeinschaft hat.

**Welches Konzept und welche soziale Verantwortung
stecken hinter dem OZCF-Markt?**

Der Markt ist eine Anlaufstelle für außergewöhnliche lokale
Produkte – Lebensmittel, die frisch, gesund und saisonal sind,
und außerdem die lokale Wirtschaft stärken. Es kommen
Menschen hierher, um sich zu treffen, Essen zu teilen und ihre
Sinne zu schärfen. Sie nehmen Teil an der Debatte darüber,
was wir essen und woher es kommt. An unseren Ständen wird
über Lebensmittel fast genauso begeistert geredet, wie sie verzehrt werden. Unsere Mission ist es, Wissen zu teilen und
Menschen für Lebensmittel zu begeistern, indem wir eine lokale, nachhaltige und ökologische Lebensmittelwirtschaft in
einem lebendigen Marktumfeld schaffen. Wir möchten einen
Beitrag dazu leisten, dass lokale Lebensmittel angebaut, be-
schafft, ausgestellt, etikettiert, gekauft und genossen werden
können. Dazu gehört auch, dass wir mehr Geld für die Landwirte generieren und die Produzenten unterstützen. Derzeit
sind es mehr als 30, darunter auch zertifizierte Bio-Bauern.

**Inwieweit kann Urban Farming die Lebensbedingungen in
einkommensschwachen Gemeinden verbessern?**

Essen verbindet und bringt Menschen zusammen, die sonst
nicht interagieren würden. Mithilfe von Urban-Farming-Pro-
jekten können Stadtteile positiv verändert werden, weil Menschen ganz unterschiedlichen Alters, Geschlechts und Back-
grounds zusammenarbeiten, um ihr Viertel zu verschönern
und zu erhalten. Zwischen Gemüsebeeten entsteht ein spür-
bares Gefühl von Stolz und Zugehörigkeit. Außerdem werden
Arbeitsplätze geschaffen, die dazu beitragen, die Menschen zu
befähigen und zu inspirieren, ihr eigenes Leben zu verändern
sowie ihre Gesundheit und ihr Wohlbefinden zu verbessern.

**Der Markt ist sehr erfolgreich, seit Kurzem findet er drei-
mal die Woche statt. Welche Pläne gibt es für die Zukunft?**

Die nächste Idee ist es, eine Küche zu eröffnen, in der wir
Workshops rund um saisonale Lebensmittel anbieten und junge Köche fördern können.

SEA POINT A3

13 500 Einwohner

Das zentral gelegene Sea Point gilt als der am dichtesten besiedelte Stadtteil außerhalb der Townships und gehört mit seinen vielen Hochhäusern aus den 60er- und 70er-Jahren nicht gerade zu den schönsten Flecken der Kap-Halbinsel. Dennoch gibt es auch hier hübsche Plätze wie die kilometerlange Uferpromenade, die Sea Point mit Green Point verbindet. Einen Strand gibt es auch, allerdings ist dieser wegen der Strömung und der Felsen nicht zum Schwimmen geeignet. Zum Baden laden die vor allem bei Einheimischen beliebten **Rockpools** zwischen den Felsen und das Freibad in bester Lage am Meer ein.

Sehenswertes

6 MERIAN EMPFEHLUNG

SEA POINT PROMENADE

Die 6 km lange Promenade führt an der felsigen Altantikküste entlang und verbindet die Stadtteile Green Point und Sea Point. Beliebt ist die schöne Strecke vor allem bei Spaziergängern, Joggern und anderen Sportbegeisterten, die hier ein vielfältiges Angebot finden. Außerdem lädt die breite Grünfläche zum Picknicken ein und wird gern von Familien besucht. Vom Promenadenabschnitt in Green Point führt auch ein Weg in den schönen Green Point Park, der einen Abstecher lohnt.

7 MERIAN EMPFEHLUNG

SIGNAL HILL

Die zum Tafelbergmassiv gehörende Bergkette umschließt die Stadtteile Green Point und Sea Point und geht in den benachbarten Lion's Head über. Früher war die 350 m hohe Erhebung deshalb auch als **Lion's Rump** (»Rumpf des Löwen«) bekannt. Wie sein heutiger Name verrät, wurde der Berg in früheren Zeiten als Signalposten für Schiffe genutzt. Auch heute noch wird täglich außer sonntags um 12 Uhr die Kanone abgefeuert,

Vom Signal Hill, einem Ausläufer des Tafelberg-Massivs, eröffnen sich fantastische Ausblicke auf die V&A Waterfront, Kapstadts Stadtzentrum und Robben Island.

die unterhalb des Gipfels am Hang steht. Anders als der Tafelberg und Lion's Head ist der Signal Hill bis zum Gipfel mit dem Auto befahrbar. Die schönste Stimmung bietet der Berg zum Sonnenuntergang, wenn sich Einheimische und Besucher der Stadt zum Sundowner hier versammeln. Der obere Berghang ist dann ein wunderschöner Ort für ein Picknick mit Blick auf Robben Island, die Tafelbucht und das Lichtermeer der Stadt.

Signal Hill Road, Table Mountain National Park

Übernachten

Elegant gestylt
O ON KLOOF

Das schicke Boutiquehotel ist von außen in coolem Schwarz gehalten, innen besticht es mit lichtdurchfluteten, offen gestalteten Räumen in modernem Design. Eingecheckt wird auf den gemütlichen Sesseln in der Lobby, in der sich auch eine Bar und eine kleine Bibliothek befinden. Jedes der schönen Zimmer ist individuell gestaltet und mit hochwertigen Designmöbeln ausgestattet. Zu den beiden Suiten gehört ein eigenes Sonnendeck mit Hängematte und Jacuzzi.

92 Kloof Road | Tel. 0 21/4 39 20 81 | www.oonkloof.co.za | 6 Zimmer und 2 Suiten | €€

Baden vor fantastischer Kulisse: Der Sea Point Swimming Pool am Atlantic Seaboard hat das ganze Jahr über geöffnet.

Essen und Trinken

Gourmetmenüs zu fairen Preisen
LA MOUETTE

Die Spezialität des charmanten Restaurants sind die Sechs-Gänge-Tasting-Menüs, die zu fairen Preisen angeboten werden. Bei gutem Wetter wird das Dinner im idyllischen Innenhof mit Springbrunnen serviert. Die Küche des englischen Chefkochs Henry Vigar ist modern französisch, mit mediterranem Einschlag. Sorgfältig ausgewählte Zutaten verbinden sich zu kreativen Gerichten. Aber auch Klassiker wie namibisches Lamm oder Forelle aus Franschhoek stehen auf der Karte. Die Auswahl wechselt regelmäßig, je nach Saison und regionalem Angebot. 78 Regent Road | Tel. 0 21/4 33 08 56 | www.lamouette-restaurant. co.za | €€

Brunchen mit Jazzbeats
HARVEY'S AT WINCHESTER MANSIONS

Im stilvollen Restaurant des Tradtionshotels Winchester Mansions findet jeden Sonntag ein Jazzbrunch statt. Lokale und international bekannte Jazzmusiker treten bei gutem Wetter im schönen Innenhof auf. Die kulinarische Begleitung kommt vom deutschen Chefkoch Jochen Riedel. Am Abend ist die Terrasse mit Meerblick ein beliebter Treffpunkt zum Sundowner.

221 Beach Road | Tel. 0 21/ 4 34 23 51 | www.winchester. co.za | Brunch So 11–14 Uhr (345 Rand) | €€

Einkaufen

Kunstvolles Handwerk
BLINK

Im Geschäft von Janice Wilensky gibt es eine große Auswahl an getöpferter Keramik mit schönen Mustern, einzeln oder als individuell zusammengestellte Sets. Außerdem werden Schmuck, Textilien, Taschen und andere Accessoires aus Holz, Filz und Korb angeboten. Alles ist handgearbeitet und lokal produziert.

71 Regent Road | Tel. 0 21/4 34 05 41 | www.theblinkshop.co.za

Aktivitäten

Schwimmen mit Aussicht
SEA POINT SWIMMING POOL

Das unmittelbar an der Atlantikküste gelegene Freibad gehört wegen seiner besonderen Lage für viele Besucher zu den schönsten Schwimmbädern der Welt. Es ist bei Einheimischen und Besuchern gleichermaßen beliebt. An windigen Tagen peitschen die Wellen gegen die Außenwände und bieten ein eindrucksvolles Naturspektakel. Zu den Einrichtungen gehören ein großzügiger Pool, ein eigenes Becken für Kunstspringer sowie zwei Planschbecken für Kinder.

Lower Beach Road | 9–17 (Winter), 7–19 Uhr (Sommer) | 30 Rand, Kinder 16 Rand

CLIFTON A3

500 Einwohner

Der kleine Nobelvorort ist für seine schönen Strände und exklusiven Villen in außergewöhnlicher Hanglange bekannt. Den noblen Anwesen hat Clifton auch seinen Spitznamen »Meile der Millionäre« zu verdanken. Die **feine Sandbucht** ist von Felsen geschützt und in vier Strandabschnitte unterteilt. Ähnlich wie in Camps Bay treffen sich auch hier die Reichen und Schönen der Stadt und präsentieren ihre braun gebrannten, athletischen Körper.

Sehenswertes

MERIAN TOP 10

LION'S HEAD

Eine Wanderung auf den kegelförmigen majestätischen Berg gehört zu den besten Attraktionen der Stadt. Der stellenweise steile Aufstieg auf den 669 m hohen Felsen wird mit spektakulären Panoramaaussichten auf die Metropolregion, Robben Island und die Kap-Halbinsel belohnt. Wer das Beste vom Tag und der Nacht mitnehmen möchte, sollte es den Einheimischen gleichtun und den Berg bei Vollmond erklimmen. Bei Dunkelheit ist allerdings besondere Vorsicht geboten – denn gerade bei Nacht kommt es immer wieder zu Unfällen am Berg.

Table Mountain National Park, Zugang über Signal Hill Road

Essen und Trinken

Essen mit Sundowner
THE BUNGALOW

Eines der bestgelegenen Restaurants mit sehr großer Terrasse, die tolle Aussichten auf Camps Bay und den Atlantik bietet. Auf den gemütlichen Loungesofas lässt es sich wunderbar entspannen. Zu den kulinarischen Spezialitäten des Restaurants gehören Sushi und frischer Fisch. Es gibt aber auch schmackhafte Fleischgerichte und vegetarische Angebote. Erlesene Weine und ausgefallene Cocktailkreationen bieten die perfekte Begleitung zum Essen. Am Abend dröhnt Loungemusik aus den Boxen, die Stimmung ist ausgelassen. Hier lohnt sich der Besuch auch nur auf einen Sundowner an der Bar.

Glen Country Club, 3 Victoria Road | Tel. 0 21/4 38 20 18 | www. thebungalow.co.za | €€€

Strände

MERIAN EMPFEHLUNG

Begehrte Buchten
CLIFTON BEACHES

Fünf Zugänge führen von der Victoria Road aus über Treppen zu den windgeschützten Traumstränden von Clifton, die zu den schönsten der ganzen Region gehören. Das Wasser ist türkis, der feine

Bei Touristen und Einheimischen gleichermaßen beliebt: die vier feinsandigen Abschnitte der Clifton Beaches entlang der Victoria Road.

Sand ist hell, und am Ufer ragen dramatische Felsen aus dem Wasser. Jeder der vier Strandabschnitte hat seinen eigenen Reiz, der größte ist Clifton Fourth mit Annehmlichkeiten für Badegäste wie Duschen, Toiletten und einem Verleih von Sonnenliegen und -schirmen. Da die Parkplätze an der Straße sehr begrenzt sind, empfiehlt es sich, in der Hauptsaison auf öffentliche Verkehrsmittel zurückzugreifen.

Victoria Road

CAMPS BAY A3

2800 Einwohner

Mit seiner traumhaften Lage, einem feinen Sandstrand, den exklusiven Villen und einer lebhaften Flaniermeile gilt der noble Vorort als die Copacabana Afrikas. Malerisch schmiegt er sich an die majestätische Bergkette der **Zwölf Apostel**, über ihm thronen die zum Massiv des Tafelbergs gehörenden Berge Lion's Head und Signal Hill, und vor dem weißen Sandstrand rauscht der türkisfarbene Atlantik. An der Strandpromenade flanieren attraktive Menschen, die sich in den vielen Cafés und Restaurants versammeln, um in der Mittagszeit einen Cappuccino oder abends einen Sundowner zu schlürfen. An der **Strandpromenade** reihen sich zahlreiche einladende Lokale aneinander, die unschlagbare Ausblicke auf die Bucht bieten. Von einfachen Gerichten auf die Hand bis zu exquisiten Speisen findet sich hier ein breites kulinarisches Angebot unterschiedlicher Preiskategorien. Auch zahlreiche Einkaufsmöglichkeiten sind vorhanden. Auf einem kleinen Markt am Anfang der Promenade verkaufen lokale Straßenhändler außerdem landestypische Souvenirs.

Übernachten

Familienfreundliches Ferienhaus
1 THE GRANGE

Das moderne Ferienhaus befindet sich in einer ruhigen Seitenstraße rund 300 m vom Meer entfernt und bietet zwei angenehme Apartments für je zwei bis sechs Personen. Von den Zimmern und Terrassen hat man einen herrlichen Blick auf das Meer oder die umliegenden Berge. Im schönen Garten der Anlage befindet sich ein Pool. Vom deutschen Gastgeber Klaus Walther erhalten Gäste wertvolle Tipps und hilfreiche Unterstützung bei der weiteren Reiseplanung.

1 The Grange | Tel. 0 83/3 26 58 35 | www.1thegrange.com | 2 Apartments | €€

Stilvoller Ökotourismus
OCEAN VIEW GUEST HOUSE

Die ebenfalls von einem deutschen Inhaber geführte stilvolle Herberge besteht aus mehreren Häusern und ist umgeben von einem traumhaften Garten. Sie liegt in dem an Camps Bay angrenzenden Stadtteil Bakoven, unweit vom Strand entfernt. Alle Zimmer sind schön und individuell im modern-afrikanischen Stil eingerichtet. Als Gründungsmitglied des Projekts »Responsible Tourism« setzt sich der Hausherr für einen verantwortungsbewussten Umgang mit der Natur ein.

Bakoven | 33 Victoria Road | Tel. 0 21/4 38 19 82 | www.ocean view-house. com | 14 Zimmer, 18 Apartments | €€

Großartige Ausblicke
THE MARLY

Direkt an der Strandpromenade und dennoch ruhig und versteckt über stylishen Cafés und Restaurants gelegen, befindet sich das elegante Boutiquehotel mit luxuriös ausgestatteten Suiten. Von den elf Zimmern mit Meerblick bietet sich ein grandioser Blick auf die mit hellem Sand gesäumte Bucht und den tosenden Atlantik. Auch die Aussicht von den schönen Suiten ist beeindruckend: Von hier aus ist die Bergkette der Zwölf Apostel zu sehen.

201 The Promenade, Victoria Road | Tel. 0 21/4 37 12 87 | www. themarly.co.za | 11 Suiten | €€€€

Essen und Trinken

Sehen und gesehen werden
CAFÉ CAPRICE

Das trendige Café gehört seit vielen Jahren zu den Top-Locations der Stadt. Sonntagabends drängen sich innen und außen Scharen von Partygängern. Nicht nur die Mitarbeiter sehen hier auffallend gut aus, sondern auch das Publikum ist überdurchschnittlich attraktiv. Neben vielen jungen Leuten zieht das Café auch Künstler, Schauspieler, Models und Sportler an. Von Donnerstag bis Sonntag sorgen DJs für die richtige Stimmung am Abend.

37 Victoria Road | Tel. 0 21/4 38 83 15 | www.cafecaprice.co.za

Stylish mit Blick
PARANGA

Das Restaurant befindet sich in bester Lage an der Strandpromenade und serviert seit vielen Jahren exzellente Fisch- und Fleischspezialitäten, Salate und Sushi. Hier treffen sich Geschäftsleute genauso wie Urlauber zum stilvollen Lunch oder Dinner. Um einen Platz im offenen Bereich mit schönem Blick auf die Bucht zu bekommen, sollte vor allem in den Sommermonaten im Voraus ein Tisch reserviert werden.

Victoria Street | Tel. 0 21/4 38 04 04 | €€€

Japanisch mit Aussicht
UMI

Der Name ist hier Programm, denn Umi bedeutet so viel wie Meer auf Japanisch. Auf der Karte stehen authentische Sushi- und Fischspezialitäten der modernen japanischen

Camps Bay mit seiner Strandpromenade am Fuße der Bergkette der Zwölf Apostel ist ein Ort zum Sehen und Gesehen werden.

Küche. Immer frisch zubereitet kommen die größeren und kleineren Gerichte wie beim Tapas-Essen nacheinander auf den Tisch. Mittags und am frühen Abend wird das Essen auf der schönen Terrasse mit Blick auf den Strand serviert. Die Räume im Inneren sind aufwendig und stilvoll dekoriert.

201 The Promenade, Victoria Road | Tel. 0 21/4 37 18 02 | www.umirestaurant.co.za | €€€–€€€€

Fisch im Fokus
THE CODFATHER

Frischen Fisch gibt es in vielen Restaurants der Kap-Region. Was hier jedoch besonders ist, ist die Glastheke mit ihrer großen Auswahl an fangfrischen Hummern, Garnelen, Calamari und lokalen Fischspezialitäten wie *Kingclip* oder *Cape Salmon*. Alles wird in rohem Zustand begutachtet und ausgesucht. Wenige Minuten später kommen gusseiserne Pfannen mit frisch gegrilltem Fisch auf den Tisch. Die Beilagen sind einfach, nichts soll vom Geschmack der Fischsorten ablenken. Ein Genuss ist auch der warme Brownie mit Eiscreme zum Dessert.

37 The Drive | Tel. 0 21/4 38 97 82 | www.codfather.co.za | €€€–€€€€

Einkaufen

Direkt am Strand
THE PROMENADE

In dem kleinen Einkaufszentrum an der Strandpromenade finden sich umringt von Restaurants, Cafés und Eisdielen auch kleinere Bekleidungsgeschäfte, die Sommer- und Bademode anbieten. Außerdem gibt es verschiedene Arztpraxen, mehrere Beautysalons, einen Friseur, das Postamt und einen sehr gut sortierten Supermarkt.

Victoria Road

Abendgestaltung

 MERIAN EMPFEHLUNG

Stilvolle Sundowner
LEOPARD BAR

Bei einem Sundowner auf der Terrasse der Leopard Bar im luxuriösen Hotel The Twelve Apostles am Fuße der gleichnamigen Bergkette kann man den Abend in gediegener Atmosphäre und mit traumhafter Aussicht ausklingen lassen. In der Abendsonne wird die umliegende Bergkette in ein dramatisches Licht getaucht, auf der anderen Seite glitzert das Meer und in naher Entfernung funkeln die Lichter der Häuser von Camps Bay. Empfehlenswert ist hier nicht nur die große Auswahl an Longdrinks und Cocktails, sondern auch das Essen. Wer großen Hunger hat oder zum Teilen bereit ist, sollte die Mini-Burger-Platte probieren: Zwölf kleine Hamburger mit unterschiedlichen Fleischsorten sorgen für eine ordentliche Grundlage oder Stärkung nach einem ereignisreichen Tag.

The Twelve Apostles Hotel, Victoria Road, Camps Bay | www.12apostleshotel.com | €€

Kulturelle Genüsse
THEATRE ON THE BAY

Wer Lust auf eine kulturelle Abwechslung hat oder sich bei nicht so gutem Wetter die Zeit vertreiben möchte, sollte dem kleinen Theater mit 250 Plätzen in Strandnähe einen Besuch abstatten. Die lokalen und internationalen Aufführungen bieten ein abwechslungsreiches Programm mit Dramen, Komödien, Musicals und Tanz. Außerdem gibt es Konzertveranstaltungen.

1 Link Street | www.theatreon thebay.co.za

Strände

Prachtbucht
CAMPS BAY BEACH

Der mit Palmen gesäumte Sandstrand gehört zu den schönsten der Region und ist die größte Strandbucht von Kapstadt. Die malerische Szenerie macht den halbmondförmigen Strand nicht nur bei Touristen und Einheimischen beliebt, sondern auch bei vielen Agenturen und Filmcrews, die hier ihre Werbespots drehen. Der Zugang ist einfacher als am benachbarten Clifton Beach. Am Strandende gibt es auch einen Felsenpool, der geschützt von den Meeresströmungen sicheres Baden ermöglicht.

LLANDUDNO A3

600 Einwohner

Schon die Anfahrt bietet einen wunderbaren Blick auf den kleinen **Villenort**, der vor allem für seinen schönen Strand mit Felsvorsprüngen bekannt ist. Im Gegensatz zu Camps Bay und den anderen Vororten gibt es jedoch keinerlei Cafés und Restaurants, weshalb es in Llandudno wesentlich ruhiger und weniger belebt ist. Der beschauliche Ort ist vor allem für einen Strandausflug oder zum Spazieren geeignet.

10 MERIAN EMPFEHLUNG

HOUT BAY A3

18 000 Einwohner

Der ehemals kleine, verschlafene Fischerort ist malerisch zwischen Bergen an der gleichnamigen Bucht gelegen und befindet sich in etwa auf halber Strecke zwischen Kapstadt und dem Kap der Guten Hoffnung. In den letzten Jahren hat sich der Küstenort zu einem der beliebtesten Wohngebiete rund um Kapstadt und auch zu einem attraktiven Zwischenstopp für Touristen gemausert. Der schöne Sandstrand ist von Dünen umringt. Der Fisch ist hier so frisch wie fast nirgendwo anders und kann direkt von den am Hafen eintreffenden Kuttern gekauft oder in einem der vielen Restaurants und Fischbuden

In den Sommermonaten versammeln sich auf Duiker Island bei Hout Bay bis zu 8000 Pelzrobben – ein beliebtes Ziel für Ausflüge per Boot.

genossen werden. Lokale Unternehmen bieten an der Mariner's Wharf Schiffstouren zur nahe gelegenen **Duiker Island** (auch Seal Island genannt) an, auf der mehrere Tausend Pelzrobben leben. Ein paar von ihnen tummeln sich aber auch im Hafenbecken und sind eine beliebte Touristenattraktion. In Hout Bay zeigen sich auch – wie in kaum einem anderen Ort – die sozialen Gegensätze des Landes: Die rasant wachsende **Township Imizamo Yethu**, in der Einheimische und Einwanderer in Holz- und Blechhütten leben, grenzt direkt an die Luxushäuser der wohlhabenden, meist weißen Bewohner des Küstenortes. Geführte Besichtigungen werden angeboten. Der Erlös kommt in der Regel sozialen Projekten zugute.

Sehenswertes

WORLD OF BIRDS

Im größten Vogelpark des Landes sind mehr als 3000 Vögel und andere Tiere zu bestaunen. Besucher wandern in dem an der Rückseite des Tafelbergmassivs gelegenen Park durch mehr als 100 Vogelhäuser und werden dabei von einem heiteren

Gefiederte Bewohner Südafrikas und aus aller Welt sind im Vogelpark World of Birds zu sehen – insgesamt 400 unterschiedliche Arten sind hier versammelt.

Vogelkonzert begleitet. Eine besondere Attraktion sind auch die zutraulichen Totenkopfäffchen, die gerne auf den Schultern und Köpfen der Besucher herumtollen.

Valley Road | Tel. 0 21/7 90 27 30 | www.worldofbirds.org.za | tgl. 9–17 Uhr | 95 Rand, Kinder 45 Rand

11 MERIAN EMPFEHLUNG

CHAPMAN'S PEAK

Der 9 km lange **Chapman's Peak Drive** schlängelt sich von Hout Bay bis Noordhoek und gehört zu den spektakulärsten Straßen der Welt. Vom gleichnamigen Aussichtspunkt, der 160 m hoch auf halber Strecke liegt, hat man einen wunderbaren Blick auf die Bucht von Hout Bay. Von 1915 bis 1922 wurde die Strecke unter teilweise lebensgefährlichen Bedingungen von Sträflingen erbaut. Seinen Namen verdankt der Chapman's Peak dem englischen Seemann John Chapman, der 1607 in Hout Bay an Land ging. Als Folge von massiven Steinschlägen und tödlichen Unfällen wurde die Straße 2000 gesperrt und erst nach umfangreichen Sanierungsmaßnahmen 2004 als Mautstraße wiedereröffnet.

14 km südl. von Hout Bay | www.chapmanspeakdrive.co.za | Maut 50 Rand

Übernachten

Komfortable Ausstattung
CUBE GUEST HOUSE

Das charmante Gästehaus liegt in einem der ruhigen Villenviertel am Hang mit tollem Blick auf die Berge und das Meer. Die sechs Gästezimmer sind modern und komfortabel ausgestattet. Das Haus wird von zwei Hamburgern geführt, die vor einigen Jahren nach Südafrika ausgewandert sind und sich mit ihrem Gästehaus einen Lebenstraum erfüllt haben.

20 Luisa Way | Tel. 0 72/0 53 50 38 | www.cube-guesthouse.com | 6 Zimmer | €€

Essen und Trinken

Traditionell und beliebt
QUENTIN AT OAKHURST

Das urige Restaurant ist in einer alten Scheune der Oakhurst Farm aus dem 18. Jh. untergebracht und bei Einheimischen beliebt. Chefkoch Quentin Spicknel hat sich auf traditionelle Kap-Gerichte spezialisiert, die durch ausgefallene Zutaten einen modernen Pfiff erhalten. Zu seinen Spezialitäten gehören Gerichte wie Butternut-Kürbis-Linsen-Bobotie mit Safran-Reis und Bananen-Sambal. Am Wochenende auch Frühstück, Brunch am Sonntag.

Main Road | Tel. 0 21/7 90 48 88 | www.oakhurstbarn.com | €€–€€€

Alles, was schwimmt
FISH ON THE ROCKS

In der rustikalen Fischbude hinter dem Hafen gibt es seit mehr als 30 Jahren frischen Fisch auf die Hand. Das Gebäude wurde bereits 1951 errichtet und war damals ein Fischergeschäft. Heute ist es ein beliebter Anlaufpunkt für Locals und Besucher, die die in der Kap-Region weit verbreitete Spezialität *snoek* oder den Klassiker Fish and Chips – für manche sogar die besten der Stadt – essen wollen. Knusprig und günstig!

Am Ende der Harbour Road | Tel. 0 21/7 90 11 53 | www.fish ontherocks.co.za | €

Einkaufen

Handwerk und Genuss
BAY HARBOUR MARKET

Am Wochenende findet in der alten Fischhalle des Hafens eine nette Mischung aus

Handwerks- und Spezialitätenmarkt statt. Lokale Händler bieten Wohnaccessoires, selbst genähte Kleidungsstücke, handgefertigten Schmuck und Mitbringsel an. Die meisten Besucher kommen aber zum Essen hierher. Denn wie bei anderen Food-Märkten gibt es auch hier eine tolle Auswahl an leckeren lokalen Spezialitäten.

31 Harbour Road | www.bay harbour.co.za | Fr 17–21, Sa, So 9.30–16 Uhr

Aktivitäten

Individualprogramm
THE CAPE TOUR

Der sympathische Guide Brian Smith bietet Rundfahrten, auch mit dem Allradwagen, zu den beliebtesten Sehenswürdigkeiten wie dem Kap der Guten Hoffnung, den Gärten von Kirstenbosch oder in die Winelands an. Auch maßgeschneiderte Touren.

Tel. 0 84/7 78 96 29 | www.the capetour.com

NOORDHOEK A3

30 000 Einwohner

Der ruhige Küstenort liegt eingebettet im Grünen unterhalb des Chapman's Peak und ist beliebt bei Naturliebhabern. Bekannt ist Noordhoek für den Long Beach. Ansonsten besteht der Ort aus schönen Wohn- und Ferienhäusern sowie einigen Restaurants, Cafés und Kunsthandwerksläden. Wanderwege durch das zum Table Mountain Nature Reserve gehörende Naturschutzgebiet erweitern den ländlichen Küstenort.

Sehenswertes

NOORDHOEK FARM VILLAGE

Das familienfreundliche Dorf bietet ländlichen Charme unter schattigen Eichen. Es beherbergt verschiedene Gastronomieangebote, unter anderem ein schönes Café mit eigener Bäckerei, die köstliche Kuchen, Brote und andere Backwaren anbietet. Außerdem gibt es mehrere Geschäfte mit Souvenirs und Bekleidung, ein Öko-Boutiquehotel sowie das Tourismusbüro.

Village Lane | www.nordhoekvillage.co.za

Die Traumstraße Chapmans Peak Drive (s. S. 122) zwischen Hout Bay und Noord-hoek klammert sich in engen Kurven an die steilen Felswände entlang der Küste.

MERIAN EMPFEHLUNG

12

LONG BEACH

Bekannt ist Noordhoek vor allem für seinen endlos wirkenden, feinen Sandstrand, den 8 km langen Long Beach. Zum Baden ist das Wasser zu kalt, und es herrscht eine starke Strömung, aber er ist ideal für lange Spaziergänge oder Ausritte, die von mehreren Reiterhöfen in der Umgebung angeboten werden.

Essen und Trinken

Feine Spezialitäten
THE FOODBARN

Im gemütlichen Farmrestaurant des Spitzenkochs Franck Dangereux (ehemals Küchenchef im La Colombe in Constantia) stehen sowohl feine Menüs als auch wechselnde Gerichte à la carte zur Auswahl. Einfachere Speisen gibt es im dazugehörigen Deli, abends werden Tapas serviert. Nordhooek Farm Village, Ecke Village Lane/Noordhoek Main Road | Tel. 0 21/7 89 13 90 | www. thefoodbarn.co.za | €€–€€€

Zum Baden ist das Wasser meist zu kalt, aber der endlos wirkende Long Beach ist ideal für ausgedehnte Strandwanderungen und Ausritte.

Einkaufen

Markt im Weingut
CAPE POINT VINE-YARDS COMMUNITY MARKET

Jeden Donnerstagabend im Sommer findet der lokale Markt im traumhaft gelegenen Weingut Cape Point statt. Es werden süße Kuchen und Desserts, Fladenbrote, Käsespezialitäten und mehr angeboten. Die Aussicht von der Wiese und Terrasse ist einzigartig. Das Weingut ist aber auch an anderen Tagen ein schöner Ort für ein Picknick oder Essen im Restaurant.

Silverminde Road | www.cpv.co.za/community-market | Do 16.30–20.30 Uhr

KOMMETJIE <small>A3</small>

3000 Einwohner

Kommetjie ist ein kleiner behaglicher Ort an der Atlantikküste, der sich dem Schutz seiner umliegenden Natur verpflichtet hat. Die ältesten Häuser sind von 1900 und stehen unter Denkmalschutz. Daneben stehen moderne Häuser, von denen viele als Wochenenddomizil genutzt werden. Von hier aus gibt es auch einen Zugang zum wunderschönen Long Beach. An der Küste befinden sich mehrere Schiffswracks.

KALK BAY A3

700 Einwohner

In dem beliebten Fischerdorf an der False Bay haben sich in den letzten Jahren viele Antiquitätenläden, Kunstgalerien, Modeboutiquen und Restaurants angesiedelt, die einen Besuch lohnen. Zu den weiteren Attraktionen gehört der Hafen, an dem Besucher den Fischern beim Entladen ihrer Boote zuschauen können. Der fangfrische Fisch wird hier auch gleich zum Verkauf angeboten.

Essen und Trinken

Frisch auf den Teller
HARBOUR HOUSE

Das renommierte Fischrestaurant befindet sich in bester Lage am Hafen und serviert exzellente Fischgerichte. Zu den Spezialitäten des Hauses gehören *Cape crayfish* (eine lokale Langustenart), Riesengarnelen aus Mosambik und würzig gebratene oder frittierte Calamari. Das Haus liegt direkt am Strand, näher am Wasser als hier lässt es sich kaum speisen.

Kalk Bay Harbour | Tel. 0 21/7 88 41 33 | www.harbourhouse.co.za | €€–€€€

MUIZENBERG A3

40 000 Einwohner

Ende des 19. Jh. entwickelte sich Muizenberg, 25 km südlich von Kapstadt an der False Bay, zu einem vornehmen Seebad, das die Oberschicht von Kapstadt anzog. Auch **Cecil Rhodes**, ein britischer Imperialist und früherer Premierminister der Kap-Region, baute sich ein prachtvolles Haus im viktorianischen Stil nahe dem Meer. Die bunten Umkleidekabinen am Strand zeugen noch von dieser Ära und sind heute ein beliebtes Fotomotiv. Leider werden sie nur saisonweise vermietet und sind meistens ausgebucht. Der weitläufige Strand bietet mit seinem flach abfallenden Sand und gemäßigten Wellengang ideale Badebedingungen auch für Kinder. Während der Saison lassen sich an der Küste zwischen Simon's Town und Muizenberg mit etwas Glück vorbeiziehende Wale beobachten.

Sehenswertes

SILVERMINE NATURE RESERVE

Von dem sich durch die Berge von Constantia und Noordhoek schlängelnden Ou Kaapse Weg führt eine Abzweigung in das wunderschöne Silvermine Nature Reserve. Das weitläufige Naturschutzgebiet ist Teil des Tafelberg-Nationalparks und mit seinen Wanderwegen, Mountainbike-Strecken und Picknickplätzen auch bei *Capetonians* ein beliebtes Ausflugsziel. Sein idyllischer Natursee lädt zum Baden und Verweilen ein. Wanderrouten sind z. B. über den Zugang **Silvermine East** erreichbar (Parkplatz Gate 2). Unterwegs gibt es eine besondere Flora und Fauna mit rund 900 Fynbos- sowie an die 100 Vogelarten zu sehen. Außerdem bietet sich vom höchsten Punkt des Gebiets eine tolle Aussicht auf beide Seiten der Kap-Halbinsel. Zugang über M 64, Ou Kaapse Weg | www.sa-venues.com

BOYES DRIVE

Die schönere Alternative zur Küstenstraße M 4 beginnt kurz vor Muizenberg und endet in Kalk Bay. Die Straße schlängelt sich entlang der Berghänge und ermöglicht spektakuläre Aussichten auf die False Bay.

SIMON'S TOWN   A3

7000 Einwohner

Die historische Küstenstadt ist malerisch an der False Bay gelegen und wurde nach Simon van der Stel, dem ersten Gouverneur der Kap-Region, benannt. Wegen seiner windgeschützten Lage wurde Simon's Town im 18. Jh. zum winterlichen Ankerplatz der Niederländischen Ostindien-Kompanie, denn der berüchtigte Nordwestwind ließ einige Schiffe in der Tafelbucht kentern. Im 19. Jh. diente der Hafen als Marinestützpunkt der britischen Royal Navy. In der Hauptstraße reihen sich historische Häuser aneinander, viele sind mehr als 150 Jahre alt. Die meisten Besucher kommen heute in die Stadt, um die am Boulders Beach lebende Pinguinkolonie zu besuchen. Eine

Der Muizenberg Beach (s. S. 127) an der False Bay bietet beste Badebedingungen: Hier ist das Wasser spürbar wärmer als auf der Atlantikseite.

gute Alternative zur Fahrt mit dem Auto ist die rund einstündige Zugfahrt von Kapstadt nach Simon's Town entlang der Küste, die schöne Aussichten ab Muizenberg bietet.

Sehenswertes

MERIAN EMPFEHLUNG

13

BOULDERS BEACH

Die zwischen gewaltigen Granitfelsen gelegenen Strandabschnitte gehören zu den schönsten der Kap-Region. Zum absoluten Besuchermagnet sind sie jedoch wegen der hier lebenden **Brillenpinguine**, den »Jackass«-Pinguinen, geworden. Die Kolonie mit mehr als 2500 Tieren ist eine von drei auf dem Festland lebenden Kolonien im Land. Von Holzpfaden aus können die niedlichen Frackträger beobachtet werden. Wer den teilweise großen Touristenmassen entgehen möchte, sollte den kleineren und frei zugänglichen Strandabschnitt rechts vom kostenpflichtigen Hauptstrand besuchen.

Kleintuin Road | 7/8–17/19.30 Uhr | 160 Rand, Kinder 80 Rand

Übernachten

Maritim
A BOAT HOUSE
Liebevoll eingerichtetes Bed & Breakfast am Hang mit schönem Blick auf den Hafen. Zu den stilvollen Suiten mit Meer- oder Bergblick gehören eine Küche und ein Balkon. Das Frühstück ist hervorragend, hausgebackene Waffeln und Pfannkuchen können auf Wunsch dazu bestellt werden. Die Atmosphäre ist sehr persönlich, wofür die freundlichen und hilfsbereiten Gastgeber sorgen.
Simonskloof | 25 Dolphin Way | Tel. 0 21/7 86 13 72 | www.aboat house.co.za | 6 Suiten | €

Essen und Trinken

Schöne Lage
BLACK MARLIN
Etwas versteckt gelegen, aber nur unweit von der Pinguinkolonie in Simon's Town entfernt, liegt das beliebte Fischrestaurant mit Panoramablick. Bei schönem Wetter können hier die Seafood-Spezialitäten auf der Terrasse genossen werden – dazu gehören kapmalaiische Fischküchlein, *kingklip* und ein köstliches Garnelen-Curry. Von Juli bis Oktober können mit etwas Glück die vorbeiziehenden Wale beobachtet werden.
Miller's Point Road | Tel. 0 21/7 86 16 21 | www.blackmarlin.co.za | €€

MERIAN TOP 10

KAP DER GUTEN HOFFNUNG A3

An der Spitze der Kap-Halbinsel liegt das legendäre Kap der Guten Hoffnung. Auf der Suche nach einem Seeweg nach Asien wurde es von Bartolomeu Dias als erstem Europäer im Jahr 1488 entdeckt. Seitdem ranken sich geheimnisvolle Geschichten, Tragödien und Sagen um den außergewöhnlichen Ort, den Seefahrer früher als Wendepunkt bezeichneten. Sobald das sturmanfällige und oft im Nebel versunkene Kap mit seinen unter Wasser liegenden Felsen umrundet war, hatten sie

Brillenpinguine lieben den Boulders Beach (s. S. 129). Hier können Besucher eine Kolonie der putzigen Tiere aus der Nähe beobachten.

es geschafft. Die verbliebenen Schiffswracks zeugen jedoch von weniger glücklichen Fällen. Weil er hier in einen heftigen Sturm geriet, prägte Dias den früheren Namen Kap der Stürme. 1497 erreichte der Entdecker Vasco da Gama als nächster Europäer das Kap. Den beiden Seefahrern zu Ehren wurde das **Dias Cross** und **Vasco Da Gama Monument** errichtet.

Das Kap der Guten Hoffnung ist umgeben von einem weitläufigen Naturschutzgebiet mit wunderschönen Landschaften. Die Aussichten vom Cape Point sind absolut spektakulär. Entgegen der verbreiteten Meinung treffen hier jedoch weder der Atlantische und Indische Ozean aufeinander, noch ist das Kap der südlichste Punkt des afrikanischen Kontinents. Beides trifft auf das 140 km weiter südöstlich gelegene Kap Agulhas zu, das ebenfalls einen Besuch lohnt.

Sehenswertes

CAPE OF GOOD HOPE NATURE RESERVE

Seit 1936 steht das rund 8000 Hektar große Gebiet unter Naturschutz, 1998 wurde es in den Table Mountain National Park integriert. Die abwechslungsreiche Landschaft ist von einer einzigartigen **Fynbosvegetation** mit mehr als 1100 verschiedenen Pflanzenarten geprägt. Viele dieser Pflanzen sind nur hier zu finden. In dem weitläufigen Reservat können außerdem Strauße, Bergziegen, Zebras, Antilopen und Paviane beobachtet werden. Weil Letztere gerne Essensreste stibitzen, sollten Sie sich allerdings vor ihnen in Acht nehmen und die Autotüren geschlossen halten. Kleinere Teile des Parks lassen sich über schöne Wanderwege erkunden. Gezeitenpools laden zum sicheren Baden bei angenehmen Wassertemperaturen ein.

Cape Point Road | www.capepoint.co.za | Sommer 6–18 Uhr, Winter 7–17 Uhr | 320 Rand, Kinder 160 Rand

CAPE POINT

200 m hoch ragen die Klippen des spektakulären Cape Points aus der Brandung. Um zum südlichsten Punkt des Kaps der Guten Hoffnung zu gelangen, geht es zu Fuß über 125 Stufen

Windumtost und lange Zeit von großer Bedeutung für die Seefahrt: das Kap der Guten Hoffnung an der Südspitze der Kap-Halbinsel.

oder per **Zahnradbahn** nach oben. Wer gut zu Fuß ist, sollte in jedem Fall laufen, da der Weg zur Spitze bereits grandiose Aussichten bietet. Oben angekommen, ist der Ausblick auf die False Bay und die tosende Brandung beeindruckend. Der auf dem Felsen thronende **Leuchtturm** wurde 1860 eingeweiht. Weil er zu oft vom Nebel eingehüllt und dadurch für die Schiffe nicht sichtbar war, wurde 1914 (nachdem ein portugiesischer Liner hier gesunken war) mehr als 100 m tiefer ein weiterer Leuchtturm errichtet, dessen Licht gut 100 km weit reicht. Er ist bis heute der stärkste Leuchtturm an der südafrikanischen Küste. Über einen Pfad aus Holzstegen erreicht man in rund 30 Gehminuten das Kap der Guten Hoffnung.

An diesem Ort ist auch die weit verbreitete **Legende des Fliegenden Holländers** entstanden: Ende des 17. Jh. kämpfte der holländische Kapitän Hendrik van der Decken gegen die mächtigen Stürme am Kap und fluchte und flehte dabei, dass ihm der Teufel helfen solle, wenn Gott es nicht tue. Ein heftiger Orkan soll daraufhin die Segel des Schiffes in Stücke zerrissen haben. Die Mannschaft und das Schiff blieben spurlos verschwunden und sollen seitdem am Kap spuken oder Seeleuten begegnen und Unglück bringen.

DIE RAUE WESTKÜSTE

Rau, aber ruhig: So lässt sich die touristisch etwas vernachlässigte Westküste charakterisieren. Die Strände sind weitläufig und von feinem Sand gesäumt, das Wasser ist jedoch kalt. Gourmets wissen die in den umliegenden Gewässern lebenden Langusten zu schätzen.

Kapstadts Westküste erstreckt sich von dem nahe der Stadt gelegenen Milnerton bis nach Lamberts Bay, rund 250 km weiter im Norden. Auf dem Weg entlang des Atlantiks verändert sich nicht nur die immer rauer werdende Landschaft, sondern auch die Atmosphäre und Betriebsamkeit auf den Straßen. Denn im Gegensatz zur Kap-Halbinsel oder der Garden Route ist das Gebiet viel weniger touristisch erschlossen.

Alles geht ein bisschen langsamer und ruhiger zu. Für viele Besucher macht gerade das den Reiz der Westseite aus. Zu den Attraktionen der malerischen Küste gehören wunderschöne, **breite Strände** mit hellem Sand, die von Dünen umgeben sind und an manchen Stellen endlos erscheinen. Ein ganz besonderes Erlebnis bietet sich im Frühling, wenn die vorbeiziehenden **Südlichen Glattwale und Buckelwale** aus wenigen Metern Entfernung vom Strand aus beobachtet werden können.

Durch die kalte Benguela-Meeresströmung und den durch sie bedingten Planktonreichtum im Wasser sind die Bedingungen für den **Fischfang** hier ideal. Seit vielen Jahren ist er zusammen mit der Fischverarbeitung und dem Tourismus die Haupteinnahmequelle der hier lebenden Menschen. Zu den regionalen Spezialitäten gehören *crayfish* (eine Langustenart) und *snoek* (eine Makrelenart). Während der Saison kommen zahlreiche Restaurantbesitzer und Feinschmecker aus Kapstadt, um den frischen Fang direkt von den voll beladenen Fischerbooten zu kaufen.

Die Silhouette des Tafelbergs immer im Blick: Bloubergstrand mit seiner spektakulären Aussicht diente schon in verschiedenen Filmproduktionen als Kulisse.

BLOUBERGSTRAND UND TABLE VIEW A2

20 000 Einwohner

Der zentrumsnahe Küstenort **Bloubergstrand** ist vor allem wegen seiner Aussicht auf den Tafelberg bekannt. Von seinen kilometerlangen Stränden bietet das majestätische Bergmassiv perfekte Postkartenmotive. Der Name Blouberg stammt von dem bläulichen Dunstschleier, in dem der Tafelberg häufig erscheint. Im Abendlicht ist ein einmaliges Farbenspiel des Berges und Meeres zu sehen. Nur wenige Kilometer westlich liegt die ehemalige Gefängnisinsel **Robben Island** (→ S. 86) vor der Küste, auf die man einen schönen Ausblick hat. Beliebt ist der Küstenort aber nicht nur bei Touristen, die zum Fotografieren oder Spazierengehen hierherkommen, sondern insbesondere auch bei Wind- und Kitesufern, die ideale Bedingungen geboten bekommen. Das angrenzende **Table View** bietet viele Restaurants und Einkaufsmöglichkeiten und ist vor allem bei jungen Familien beliebt. Am benachbarten **Melkbosstrand** ist der Strand besonders breit. Außerdem gibt es hier einen schönen Golfplatz des Atlantic Beach Golf Clubs.

Essen und Trinken

Etabliertes Fischrestaurant
ON THE ROCKS

Bei schönem Wetter bieten die Tische und Bänke, die direkt auf den Felsen am Wasser stehen, den besten Platz. Mit einer frischen Meeresbrise um die Nase schmeckt der Fisch hier besonders gut. Aber auch bei schlechterem Wetter ermöglichen die Panoramafenster des Restaurants einen schönen Ausblick auf das Meer und den Tafelberg. Zu den Spezialitäten des Hauses gehören neben diversen Fisch- und Fleischspezialitäten auch Ausgefallenes wie Krokodil-Carpaccio.

45 Stadler Road | Tel. 0 21/5 54 19 88 | www.ontherocks.co.za | €€

Seafood mit Aussicht
CAFÉ ORCA

Direkt hinter dem Melkbosstrand befindet sich das sympathische Restaurant mit ungezwungener Atmosphäre, das seit mehr als 20 Jahren für einige der besten Seafood-Gerichte der Region bekannt ist. Zu den beliebten Klassikern gehören lokal gefangene Muscheln, Calamari oder Garnelen, außerdem fangfrischer Fisch des Tages oder *kingklip* in verschiedenen Variationen. Auf der Terrasse lässt sich das Essen mit frischer Brise und Blick auf den Strand genießen.

88 Beach Road, Melkbosstrand | www.cafeorca.co.za | €€

Strände

Die Strände rund um Blouberg sind allesamt empfehlenswert, auch wenn das Wasser zum Baden auch hier sehr kalt ist. Den besten Blick auf die Tafelbergbucht bietet der **Table View Beach**. Die meisten Kite- und Windsurfer tummeln sich dagegen an den Nachbarstränden **Big Bay** und **Bloubergstrand** und lassen sich hier wunderbar beobachten. Ende Januar jeden Jahres findet hier auch der »Red Bull King of the Air«

statt, der wohl prestigeträchtigste Kite-Contest der Welt. Näher am Stadtzentrum und etwas windgeschützter liegen die ebenfalls schönen Strandabschnitte **Lagoon Beach** und **Sunset Beach**, an denen es ruhiger zugeht. Wegen oftmals starken Winden in der Bucht sollte für einen Strandtag ein ruhiger, windstiller Tag ausgewählt werden.

YZERFONTEIN A2

1200 Einwohner

Der kleine Fischerort gehört zu den schönsten der Westküste und ist ideal für Ruhesuchende. Oberhalb der Küste reihen sich schicke Ferienhäuser und luxuriöse Villen mit traumhaften Aussichten auf die Küste aneinander. Der lange Strandabschnitt **Sixteen Mile Beach**, der sich bis zum West Coast National Park erstreckt, ist der längste ununterbrochene Strandabschnitt der südafrikanischen Küste. Während der Walsaison lassen sich an verschiedenen Stellen die vorbeiziehenden Riesen aus nächster Nähe beobachten. Das ganze Jahr geht es hier gediegen zu, zum Leben erwacht der verschlafene Ort lediglich in der *Snoek*-Saison. Der kleine Hafen ist dann voller Fischerboote, die ihre Ware an Restaurantbesitzer aus der Stadt, Großhändler und Gourmets verkaufen. Lautstark werden Preise und Stückzahlen verhandelt, bevor die zufriedenen Kunden voll beladen mit frischem Fisch ihre Rückreise antreten.

Übernachten

Beste Lage am Strand
VILLA PESCATORI

Die in Naturtönen gehaltene Villa mit schöner Steinfassade liegt in bester Lage am 25 km langen Sandstrand. Passend zum mediterranen Charme des Strandhauses wurden die vier Gästezimmer und ein gemütlicher Aufenthaltsraum mit Leseecke eingerichtet. Die Sonnenterrasse mit Pool und der Grillplatz im Garten sind ideal zum Entspannen. Auf Wunsch verwöhnt die Gastgeberin am Abend mit einem selbst zubereiteten Essen.

7 Beach Road | Tel. 0 22/4 51 27 82 | www.villapescatori.co.za | 5 Zimmer | €€

Die majestätischen Sprünge der Buckelwale lassen vor den Küsten der Kap-Halbinsel Touristenherzen höherschlagen.

WALBEOBACHTUNG IN DER KAP-REGION

Sanfte Riesen im Visier

Südafrikas Natur und Tierwelt ist so vielfältig wie in kaum einem anderen Land der Welt. Sie bietet diverse Highlights – ein ganz besonderes ist jedoch die Beobachtung von tonnenschweren Walen, die im Frühling ganz nah an die Küste herankommen und vor Zuschauern akrobatische Kunststücke vollführen. Was unglaublich klingt, findet jedes Jahr an den Küstenorten der Kap-Region statt und begeistert Einheimische und Touristen gleichermaßen.

Die beste Zeit für das außergewöhnliche Schauspiel ist zwischen Juni und Oktober, wenn **Südliche Glattwale** und **Buckelwale** aus den eisigen Gewässern der Antarktis zum Kalben in die wärmeren und nährstoffreichen Fluten des südlichen Afrikas kommen und hier ihren Nachwuchs groß ziehen. Aber auch in den Monaten vor und nach der Walsaison bestehen Chancen, die beeindruckenden Meeressäuger zu erspähen.

Die bekanntesten Routen für Erkundungstouren auf den Spuren der Wale sind die **Cape Whale Route**, die sich von der Westküste bis zum Ende der Garden Route erstreckt, sowie die **Whale Route** von Kapstadt bis Durban. Mit seinem Beinamen »Walhauptstadt« hat sich allen voran **Hermanus** einen Namen gemacht. In dem beliebten Badeort, der rund eineinhalb Stunden Fahrtzeit von Kapstadt entfernt liegt, herrscht zur Saison ein reges Treiben, wenn die Wale auf bis zu 50 Meter ans Meeresufer herankommen. Ein nicht zu überhörender Walschreier sorgt dann dafür, dass keines der faszinierenden Tiere verpasst wird. Die Begeisterung ist nicht nur bei den Besuchern der Stadt groß, sondern nach wie vor auch bei der einheimischen Bevölkerung. Vereint stehen beide Gruppen am Ufer, um zu bestaunen, wie die imposanten Schwergewichte ihre Schwanzflossen aus dem Wasser heben oder sich herausdrehen, um akrobatische Sprünge zum Besten zu geben. Für unvergessliche Momente wie diese kommen jedes Jahr tausende Walbegeisterte in die Stadt, auch um einmal im Jahr das **Hermanus Whale Festival** (→ S. 39) zu feiern.

Neben Hermanus bietet die rund 2500 Kilometer lange Küste Südafrikas noch viele andere Orte, an denen sich die sanften Riesen hervorragend beobachten lassen. Nur wenige Kilometer entfernt liegt etwa der idyllische und weit weniger touristische Ort **De Kelders** (→ S. 205), von dessen Felsen sich optimale Sichten auf die anmutigen Meeressäuger bieten. Zu den besten Spots an der Westküste gehört der Küstenabschnitt zwischen **Yzerfontein** (→ S. 137) und Lambert's Bay. An der Garden Route bieten insbesondere das Naturschutzgebiet **Robberg Nature Reserve** (→ S. 188) sowie die **Knysna Heads** (→ S. 184) beste Aussichten. Daneben haben sich aber auch Kapstadts Buchten, von der Waterfront bis nach Camps Bay, während der Saison als gute Beobachtungspunkte erwiesen.

Für viele Reisende ist Südafrika das beste Land, um Wale vom Land aus zu beobachten. Die vielfältigen Gelegenheiten zur Beobachtung der bemerkenswerten Meeressäuger, für die keine weiten Anfahrtswege oder andere Anstrengungen bewältigt werden müssen, geben ihnen recht.

AKTIVITÄTEN

Wanderung am Meer
SCHAAPEILAND HIKING TRAIL

Der rund 2 km lange Wanderweg startet am Main Beach und erstreckt sich entlang der Felsen bis zum weiter südlich gelegenen Hafen. Während der Wanderung lassen sich unterschiedlichste Vogelarten beobachten, darunter Kormorane und die bedrohten *black oyster catcher* (Schwarze Austernfischer). Im Meer tummeln sich außerdem Robben, deren Köpfe immer wieder an der Wasseroberfläche auftauchen. Der Weg passiert auch den Hafen, an dem nachmittags die ankommenden Fischerboote zu sehen sind. Das Ende des Wanderwegs befindet sich an der kleinen Halbinsel Schaapeiland, die bei Flut vom Festland abgeschnitten ist. Gemütliche Holzbänke laden zum Verweilen ein. Die schönste Zeit für eine ausgedehnte Wanderung ist im Frühling, wenn die vielen Blumenarten am Wegesrand in voller Blüte stehen und sich mit etwas Glück die vorbeiziehenden Wale beobachten lassen.

LANGEBAAN A2

9000 Einwohner

Der beliebte Ferienort grenzt an den West Coast National Park, zu dem der südliche Teil der 15 km langen Lagune gehört. Neben den vielen Besuchern, die wegen der Attraktionen im Park kommen, zieht Langebaan vor allem Wassersportler an. Am Strand versammeln sich Kitesurfer, deren bunte Schirme schon von Weitem zu sehen sind. Auch andere Wassersportaktivitäten wie Windsurfen, Kajakfahren und Wasserski werden hier angeboten. Im Ortsinneren finden sich dazu passend einige gut ausgestattete Sportgeschäfte. Wer die weiße Ferienhausanlage Club Mykonos am Ortsausgang betrachtet, fühlt sich fast wie in Griechenland.

Direkt daneben befindet sich der Jachthafen, wo in regelmäßigen Abständen auch kleinere Märkte und andere Veranstaltungen stattfinden.

Die Langebaan Lagoon bietet fast das ganze Jahr über viel Sonne und stabile Windverhältnisse – beste Bedingungen für Kitesurfer.

Sehenswertes

WEST COAST NATIONAL PARK

Der weitläufige Nationalpark mit mehr als 500 Pflanzenarten erstreckt sich über 27 500 Hektar und gehört zu den größten und schönsten Naturreservaten an der südafrikanischen Küste. Seine Nähe zu Kapstadt (1,5 Stunden Fahrtzeit) macht ihn auch bei Kapstädtern zu einem idealen Ausflugsziel. Die Anreise ist vom Norden aus über Langebaan oder vom Süden aus über eine Zufahrt von der Landstraße R 27 möglich. Der zentrale Punkt des Nationalparks ist die wunderschöne blaue **Lagune von Langebaan** mit ihrem flach abfallenden Wasser, das verhältnismäßig warm und damit ideal zum Baden ist. Zu den weiteren Besonderheiten des Parks gehört sein außergewöhnlicher **Vogelreichtum**: Zur Sommerzeit leben hier rund 55 000 Vögel, die aus subarktischen Brutgebieten in das nährstoffreiche Feuchtgebiet der Lagune kommen. Zu den Bewohnern gehören auch verschiedene Antilopenarten wie das Eland sowie Zebras, Strauße, Füchse und Landschildkröten. Wanderbegeisterte kommen bei Tagestouren und mehrtägigen Wanderungen auf ihre Kosten. Wer übernachten möchte, hat die

Im Frühling überzieht ein duftender Blütenteppich die Ebenen des West Coast National Park an der Lagune von Langebaan.

Wahl zwischen verschiedenen Unterkünften in einfachen Cottages, Chalets und Hausbooten. Ganz besondere Momente lassen sich in den Frühlingsmonaten August und September erleben – dann verwandelt sich das Reservat in ein wunderschönes Meer aus Wildblumen.

5 km südl. von Langebaan | Tel. 0 22/7 72 21 44 | www.sanparks.org/parks/west_coast | Sept.–März 7–19, April–Aug. 7–18 Uhr | 96 Rand, Kinder 48 Rand, Aug.–Sept. (Blütezeit) 198 Rand, Kinder 99 Rand

Übernachten

Landgut mit Golfplatz
LANGEBAAN COUNTRY ESTATE

Das nachhaltig geführte Landgut befindet sich in ruhiger Umgebung und begeistert vor allem Golfer mit seinem schönen 18-Loch-Platz. Dieser liegt inmitten eines Naturgebiets, in dem neben vielen einheimischen Vogelarten auch Schildkröten und andere Tiere leben. Die Golf-Suiten und Lodges mit komfortabler Einrichtung zur Selbstverpflegung bieten vier bis acht Personen Platz.

1 Oostewal Road | Tel. 0 22/7 72 21 12 | www.langebaanestate. co.za | 40 Suiten, 6 Lodges | €€

Essen und Trinken

Einfach frisch
DIE STRANDLOPER

In dem rustikalen Open-Air-Restaurant direkt am Strand gibt es Fisch satt. Am Eingang wird ein Festpreis für ein drei- bis vierstündiges Mahl bezahlt. Einfache Holztische und Bänke stehen im Sand, auf dem traditionellen *braai* brutzelt fangfrischer Fisch, in rustikalen Töpfen kochen Muscheln und Fisch-Currys. Dazu gibt es frisch gebackenes Brot und Rooibostee. Gitarrenmusik und Barfußlaufen sorgen für ein perfektes Robinson-Crusoe-Feeling. Wein, Bier und andere alkoholische Getränke dürfen mitgebracht werden.

Direkt am Strand (ausgeschildert) | Tel. 0 22/7 72 24 90 | www.strandloper.com | 295 Rand, Kinder bis 5 J. frei, bis 12 J. 60 Rand | €€

Strände

Traumhafte Lagune
SHARK BAY

Neben einem Besuch am Langebaan Beach lohnt sich auch die Fahrt zu der nur ein paar Fahrtminuten entfernten Shark Bay im Süden von Langebaan. Sie ist eine der schönsten Lagunen der Region und bietet mit flach abfallendem Wasser und teils menschenleerem Strand ideale Bedingungen für einen entspannten Tag am Meer. Die Wassertemperatur ist deutlich wärmer als anderenorts am Atlantik, weshalb das Baden wesentlich angenehmer ist. Grund zur Furcht vor gefährlichen Haiarten gibt es hier – anders als der Name vermuten lässt – auch nicht. Denn in den flachen Gewässern tummeln sich allenfalls harmlose kleine Sandhaie.

PATERNOSTER A1

2000 Einwohner

Die kleinen weißen Häuser des ruhigen und idyllischen Fischerorts erinnern auf den ersten Blick eher an ein griechisches Dorf als an einen afrikanischen Fischerort. Viele der hübschen Gebäude wurden in den letzten Jahren renoviert, daneben sind einige Ferienhäuser entstanden, die vor allem am Wochenende von Kapstädtern genutzt werden. Das Gebiet

Rund 90 Minuten Fahrt von Kapstadt findet sich mit dem Ferienort Paternoster ein ruhiges Strandidyll, das zum Verweilen einlädt.

eignet sich zum Schnorcheln, Kayaken und Kitesurfen. Der Großteil der hier lebenden Menschen gehört zum indigenen Volk der **Khoikhoi**, das schon seit Generationen Fischfang an der Westküste betreibt. Am Strand lassen sich kleine Fischerboote beobachten, die nachmittags anlegen und ihren Fang anbieten. Aus dem ganzen Dorf kommen dann Menschen zusammen, um Fisch zu kaufen, in der Saison von November bis April vor allem *crayfish*. Die Herkunft des lateinischen Namens Paternoster (Vater unser) ist bis heute schleierhaft geblieben.

Übernachten

Zugang zum Strand
DUNES GUEST HOUSE

Das gepflegte Gästehaus befindet sich in ruhiger Lage in den Dünen. Vier der Zimmer verfügen über einen schönen Meerblick und direkten Zugang zum Strand. Jedes Zimmer ist in anderen Farben eingerichtet. Im Innenhof wartet ein kleiner Pool, im Obergeschoss eine sehr gemütliche Lounge mit Bar und Blick auf den Strand.

18 Sonkwas Road | Tel. 0 22/7 52 22 17 | www.paternosterdunes. co.za | 6 Zimmer | €€

Exklusiv mit Spa
ABALONE HOUSE

Das exklusive Boutiquehotel ist mit vielen Kunstgegenständen ausgestattet und sehr geschmackvoll in den Farben Afrikas dekoriert. Von einigen der zehn Gästezimmer eröffnet sich ein Ausblick auf das türkisfarbene Meer. Zur Superior Sea View Suite gehört sogar ein eigener Jacuzzi auf dem Dach mit wunderschöner Aussicht auf das idyllische Dorf und den Strand. In einem komplett mit Salz ausgelegten Raum können im hauseigenen Spa außerdem Detox- und andere wohltuende Behandlungen genossen werden.

3 Kriedoring Street, Bek Bay | Tel. 0 22/7 52 20 44 | www.abalone house.co.za | 10 Zimmer | €€€–€€€€

Essen und Trinken

Catch of the day
VOORSTRANDT RESTAURANT

Das einzige rote Haus im Dorf befindet sich direkt am Strand und ist nicht zu verfehlen. Als Vorspeise sollten Sie die fangfrischen, würzigen Calamari oder Garnelen probieren, zum Hauptgang ist der *catch of the day* (Fang des Tages) oder der lokale *crayfish* ein besonderer Genuss. Kein anderes Restaurant ist näher am Wasser gelegen als das alte gemütliche Fischerhaus, weshalb nicht nur die gute Qualität des Essens einen Besuch lohnt.

Strandloper Street | Tel. 0 22/7 52 20 38 | www.voorstrandt.com | tgl. ab 11 Uhr | €–€€

Fusion-Seafood
GAAITJIE RESTAURANT

Etwas weiter hinten am Strand liegt das renommierte Restaurant in einem alten, weißen Fischerhaus. Serviert werden fangfrische Meeresspezialitäten wie köstliche Langusten, knuspriger Tintenfisch in Salz-Pfeffer-Marinade oder Thunfisch in Sesamkruste, einige davon mit asiatischer Note. Auch die Fleischgerichte sind einfach köstlich, darunter Springbock-Carpaccio oder geschmorte Lammschulter. Der Schwerpunkt liegt auf Gerichten, die mit lokalen Produkten zubereitet werden.

Sampson Street | Tel. 0 22/7 52 22 42 | www.gaaitjie.co.za | €€–€€€

DIE WINELANDS

Westküste

Winelands

Kapstadt

Kap-
Halbinsel

Garden Route

Die Winelands sind ein Paradies für Feinschmecker und Weinliebhaber. In den idyllischen Orten Constantia, Stellenbosch, Franschhoek und Paarl reiht sich eine Auswahl an erstklassigen Restaurants und Spitzenweingütern aneinander, die durch exzellente Qualität bestechen.

Entlang der berühmten **Weinrouten** gibt es neben einer Vielzahl an alteingesessenen Weingütern mit großen Namen und langen Traditionen auch viele kleinere Produzenten, die einen Besuch lohnen. Das vielfältige Angebot an edlen Tropfen wird ergänzt durch eine feine Gourmetküche, die zu erschwinglichen Preisen angeboten wird.

Der älteste Weinort ist **Constantia**, ein vornehmer Vorort von Kapstadt, der von teils riesigen Grundstücken und anmutigen Villen geprägt ist. **Franschhoek** gilt als Gourmethauptstadt des ganzen Landes und bedeutet aufgrund seiner Historie übersetzt »Franzoseneck«. **Stellenbosch** und **Paarl** bilden mit einer großen Ansammlung an Weingütern das wirtschaftliche Zentrum der Region.

Die Anfänge des Weinanbaus liegen lange zurück, denn seit mehr als 350 Jahren wird in Südafrika Wein gepresst. 1654 wurden die ersten Stecklinge aus dem Rheinland auf Wunsch von Jan van Riebeeck, dem ersten Verwalter der Kap-Kolonie, im heutigen Constantia angepflanzt. Fünf Jahre später gab es den berühmten Tagebucheintrag des Kommandeurs: »Die ersten Trauben sind gekeltert worden«. Mit der Ankunft der Hugenotten in Franschhoek wurde der Weinanbau weiterentwickelt, im Jahr 1761 bereits die ersten Weine exportiert. Im 18. Jh. erfreute sich südafrikanischer Wein einer besonderen Beliebtheit auch bei europäischen Monarchen, Politikern und anderen Machthabern: Napoleon und Otto von Bismarck zähl-

Weinreben vor den Hottentots Holland Mountains: Die Gegend rund um Stellenbosch gilt als das Zentrum der Feinschmeckerregion Winelands.

ten zu den prominentesten Liebhabern des süßen Constantia-
Weins. In den 1980er-Jahren erzielten die letzten Flaschen des
legendären Dessertweins aus dieser goldenen Zeit astronomische Preise auf Weinauktionen.

Trotz der Unterschiedlichkeit der vier bekannten Weinorte
in dieser Region werden sie neben ihrem besonderen kulinarischen Angebot auch durch eine beachtliche Ansammlung an
wunderschönen **historischen Bauten** vereint, die von einer
jahrhundertealten Geschichte zeugen. Die meisten dieser herrlich gelegenen *wine estates* sind in prächtigen weiß getünchten
Gebäuden im Stil der für die Gegend typischen kapholländischen Architektur untergebracht und werden von großzügigen
Gartenanlagen umringt.

Anfänglich vor allem durch seine schmackhaften Weißweine bekannt, hat sich das südafrikanische Sortenspektrum
längst weiterentwickelt und ist inzwischen breit aufgestellt.
Die weißen **Rebsorten** wie Chardonnay oder Sauvignon Blanc
dominieren heute nur noch knapp, Rotweine wie Pinotage
oder Merlot haben aufgeholt. Heute gehört Südafrika zu den
zehn größten Weinproduzenten der Welt.

Groot Constantia mit seinem beeindruckenden Herrenhaus ist das älteste Weingut Südafrikas: Heute gedeihen hier edle Shiraz- und Merlot-Weine.

CONSTANTIA A/B3

13 000 Einwohner

Der südlich von Kapstadt gelegene Vorort Constantia ist der älteste Weinort des Landes und gehört zu den nobelsten Gegenden am Kap. Seine idyllische Lage zwischen Tafelberg und Constantiaberg sowie die wunderschönen kapholländischen Gebäude machen ihn zu einem der attraktivsten Orte der Winelands. Der Name Constantia stammt von Simon van der Stel, der für seine Verdienste 1685 ein großes Grundstück auf der Rückseite des Tafelbergs erhielt und darauf die ersten Obst- und Rebsorten erfolgreich anbaute. Schnell zeigte sich, dass im Constantia-Tal wegen des relativ kalten Winters und konstanten Windes bestimmte Weinreben besonders gut gedeihen. Bis heute ist Constantia für seine hervorragenden Weiß- und Rotweine bekannt.

Einen Gegensatz zu den noblen Wohngegenden Constantias bildet das unweit gelegene, berüchtigte **Pollsmoor-Gefängnis**. Hier musste Nelson Mandela nach seiner Haft auf Robben Island weitere sechs Jahre einsitzen, bevor er ins Victor-Verster-Gefängnis überstellt wurde.

Landschaftlich geprägt ist der traditionelle Weinort durch das als **Constantia Nek** bezeichnete Berggebiet. Von hier aus startet unter anderem ein schöner Wanderweg zu den botanischen Gärten von Kirstenbosch (→ S. 150).

Sehenswertes

GROOT CONSTANTIA

Das prächtige Herrenhaus aus dem Jahr 1684 wurde im kapholländischen Stil erbaut und gehört zu den schönsten Gebäuden der Region. Heute beherbergt es neben zwei Restaurants auch das **Weinmuseum**, in dem die Geschichte des Weins dokumentiert wird und Antiquitäten ausgestellt sind. Auf dem zu seiner Zeit 750 Hektar großen Anwesen ließ Simon van der Stel die ersten Weinreben anpflanzen und lebte dort bis zu seinem Tod im Jahre 1712. Die ursprüngliche Constantia-Farm wurde danach in Groot Constantia, Klein Constantia und Buitenverwachting unterteilt. Seine Blütezeit erlebte Groot Constantia im 18. und 19. Jh., mit der Beliebtheit des Constantia-Weins (Vin de Constance) beim europäischen Hochadel. 1925 brannte das Gebäude fast vollständig ab, wurde jedoch originalgetreu wieder aufgebaut.

Groot Constantia Road | www.grootconstantia.co.za | Museum: tgl. 10–17 Uhr, 30 Rand, Kinder 15 Rand | Weinprobe: tgl. 10–17 Uhr, 100 Rand (vorab reservieren)

STEENBERG ESTATE

Das älteste Weingut des Landes wurde 1682 mit dem Namen Swaaneweide (Schwanenwiese) gegründet. Die erste Besitzerin des Guts war die aus Lübeck stammende Catharina Ustings Ras, die in jungen Jahren als Mann verkleidet mit dem Schiff das Kap erreichte. Nachdem sie ihre ersten drei Ehemänner überlebt hatte, baute sie mit ihrem vierten Mann ihr erstes Haus auf der Farm, die ihr Simon van der Stel vermacht hatte. 1990 erfolgte eine aufwendige Sanierung der historischen Weingärten, des Weinkellers und des Herrenhauses. Zur weitläufigen Anlage des stilvollen Anwesens gehören heute auch ein elegantes Country-Hotel (→ S. 151) sowie das exzellente Restaurant Catharinas, das modern interpretierte südafrikanische Spezialitäten serviert. Als Weingut ist Steenberg bekannt für seinen ausgezeichneten Sauvignon Blanc und Chardonnay, aber auch die hier produzierten Rotweine wie Shiraz oder Nebbiolo sollten in dem modern gestalteten Tasting Room probiert werden.

Tokai, Steenberg Road | www.steenbergfarm.com

14 MERIAN EMPFEHLUNG

KIRSTENBOSCH BOTANICAL GARDENS

Nur wenige Fahrminuten von Constantia entfernt (rund 8 km nördlich), an den Südosthängen des Tafelbergs, befindet sich ein Paradies für Naturliebhaber: die wunderschönen Botanischen Gärten von Kirstenbosch. Mit mehr als 7000 Pflanzenarten gehören sie zu den größten und schönsten Gartenanlagen der Welt. Wer einen besonders beeindruckenden Überblick über die Pflanzenpracht und die umliegende Landschaft genießen möchte, sollte auf dem spektakulären **Baumkronenpfad** spazieren gehen. In 11 m Höhe schlängelt sich der 130 m lange Pfad durch die Gipfel der mächtigen Bäume und bietet gigantische Panoramaaussichten.

Newlands, Rhodes Drive | www.sanbi.org/gardens/kirstenbosch | 75 Rand, Kinder ab 6 Jahren 20 Rand

Übernachten

Extravagant
THE ALPHEN BOUTIQUE HOTEL

Auf einem wunderschönen historischen Anwesen aus dem 17. Jh. liegt dieses elegante Boutiquehotel in ruhiger Lage. Die Verbindung von traditionellem und modernem Stil ist hier perfekt gelungen. Die luxuriösen Suiten sind auf drei Gutshäuser verteilt. Der schöne Garten mit Pool und Himmelbetten lädt zum Entspannen ein. Im hauseigenen Restaurant können Gäste des Hotels und von außerhalb in stilvollem Ambiente speisen. Auch ein klassischer High Tea wird am

Die Kirstenbosch Botanical Gardens zählen zu den großen Botanischen Gärten der Welt. Ein Baumkronenpfad erlaubt ungewöhnliche Perspektiven.

Nachmittag serviert. Direkt daneben liegt das schöne Bistro La Belle mit einer eigenen Bäckerei, die unwiderstehliche Törtchen oder die traditionelle *milktart* anbietet.

Alphen Drive | Tel. 0 21/7 95 63 00 | www.alphen.co.za | 19 Suiten | €€€

Gemütlich
DONGOLA GUEST HOUSE

Das gemütliche Gästehaus ist ruhig gelegen und grenzt an ein kleines privates Naturreservat. Im schön angelegten Garten lässt es sich am Pool mit Blick auf den Constantiaberg wunderbar entspannen. Die Besitzer haben sich den Prinzipien des Ökotourismus verpflichtet und unterstützen mit den Einnahmen des Gästehauses mehrere Umweltprojekte in der Gegend.

30 Airlie Place | Tel. 0 21/7 94 82 83 | www.dongolahouse.co.za | 6 Zimmer, 1 Suite | €–€€

Traditioneller Kolonialstil
STEENBERG HOTEL

Die Hotelanlage ist dem aus dem 17. Jh. stammenden Weingut Steenberg Estgate mit seinen herrlichen Weinbergen angegliedert. Das Hotel bietet Gästen komfortable Zimmer und Suiten im klassischen Kolonialstil. Schon die Standard-Doppelzimmer sind sehr großzügig und elegant eingerichtet. Neben besonderen Annehmlichkeiten wie einem hoteleigenen Spa gibt es für Golfer auch einen wunderschön angelegten 18-Loch-Platz.

Tokai, Steenberg Road | Tel. 0 21/ 7 13 22 22 | steenberghotel.com | 24 Zimmer und Suiten | €€€

Essen und Trinken

15 MERIAN EMPFEHLUNG

Klassiker
LA COLOMBE

Das renommierte Gourmetrestaurant hat bereits zahlreiche Auszeichnungen erhalten: Seit Jahren landet es unter den Top 10 der besten Restaurants Südafrikas, außerdem wird es mit nur einem weiteren südafrikanischen Restaurant (dem Test Kitchen von Luke Dale Roberts, → S. 98) unter den 50 besten weltweit geführt. Es liegt im malerischen Silvermist Organic Wine Estate, das sich auf einem Berghang befindet. Die Kreationen von Küchenchef Scot Kirtons vereinen französische und asiatische Einflüsse auf höchstem Niveau und wirken wie

Kunstwerke auf dem Teller. Eine frühzeitige Reservierung ist hier allerdings unbedingt notwendig.

Silvermist Mountain Lodge, Main Road | Tel. 0 21/7 95 01 25 | €€€

Hervorragende Weine
BUITENVERWACH-TING

Das Weingut gehört mit seinen Spitzenweinen und dem hauseigenen Restaurant im klassischen Stil seit vielen Jahren zu den Institutionen des Landes. Auf der Karte des österreichischen Chefkochs Edgar Osojnik finden sich sowohl einfache und leichte Gerichte sowie rustikale Speisen als auch ausgefallenere Kreationen und leckere Nachspeisen. Wer in ungezwungenerem Ambiente nur eine Kleinigkeit essen möchte, kann im schönen Garten ein leckeres Picknick zu sich nehmen. Fertig gepackte Körbe werden für diesen Zweck angeboten. Unbedingt probiert werden sollten die Sauvignon Blancs des Hauses, die zu den besten Tropfen des Kaps gezählt werden.

Klein Constantia Road | Tel. 0 21/ 7 94 51 90 | www.buitenver wachting.com | €€€

Das Weingut Buitenverwachting zählt zu den ältesten der Region und ist vor allem für seine erlesenen Weißweine bekannt.

STELLENBOSCH B3

19 000 Einwohner

Zwischen Paarl im Norden und der False Bay im Süden gelegen, bildet Stellenbosch das Zentrum der Weinregion. Es liegt eingebettet zwischen majestätischen Bergen und fruchtbaren Tälern. Mehr als 200 Weingüter haben sich zur **Stellenbosch-Weinroute**, der ältesten des Landes, zusammengeschlossen. Die erste europäische Siedlung im Landesinneren und zweitälteste Stadt Südafrikas wurde 1679 von Simon van der Stel gegründet. Der historische Ortskern mit seinen kapholländischen Farmhäusern und prachtvollen viktorianischen Anwesen zeugt von den Anfängen und dem früheren Reichtum der Stadt. Weitere Zeitzeugen sind die von den ersten Siedlern gepflanzten Eichen, die mehr als 300 Jahre alt sind und das Stadtbild nachhaltig geprägt haben. Ihnen verdankt Stellenbosch auch seinen Beinamen »Eikestad« (Eichenstadt). Neben den vielen idyllisch gelegenen Weingütern prägt eine renommierte **Universität** die Stadt, die zweitälteste Hochschule des Landes. Die hier lebenden Studenten machen rund ein Drittel der Bevölkerung aus.

Sehenswertes

DORP STREET

Die älteste Straße der Stadt mit ihren gut erhaltenen historischen Bauten steht inklusive der 300 Jahre alten Eichen unter
Denkmalschutz. Mehrere historische Baustile des Kaps sind
hier vereint, und nirgendwo anders im Land finden sich so viele original erhaltene Bauten an einem Platz. Besonders sehens-
wert sind die folgenden Gebäude: **Vredelust** (Hausnr. 63), das
alte Pfarrhaus **La Gratitude** (Nr. 95), **Voorgelegen** (Nr. 116)
sowie der alte Krämerladen **Oom Samie Se Winkel** (Nr. 82/84),
in dem man sich in frühere Zeiten zurückversetzt fühlt.

DIE BRAAK

Der im 18. Jh. angelegte frühere Exerzierplatz inmitten des
Zentrums ist heute eine Grünfläche. Ein Teil davon wird als
Marktplatz benutzt, außerdem feiern hier die neuen Studenten
in der ersten Woche des Semesters. Um den Platz herum liegen
schöne historische Gebäude, die ihm eine klassizistische Prä-
gung verleihen. Zu den wenigen Bauwerken, die auf dem Platz
errichtet werden durften, zählen die im 19. Jh. gebauten Kirchen St. Marys on the Braak und die der Rheinischen Mission.

STELLENBOSCH UNIVERSITY

Die Universität gehört zu den besten des Landes und wurde
1866 gegründet. Die verschiedenen Fakultäten sind auf vier
Standorte verteilt. Schön anzusehen ist vor allem das prachtvolle alte Hauptgebäude (Ou Hoofgebou). Die Universität gehört zu den wenigen höheren Bildungseinrichtungen, in denen
hauptsächlich Afrikaans gesprochen wird. Hier haben viele
prominente Buren, darunter auch einige Politiker, studiert. Die
Universität wird daher auch Burenschmiede genannt.

Ryneveld Street, Merriman Avenue

Stellenbosch mit seinen zahlreichen Weingütern
in der Umgebung gilt als die zweitälteste Stadt
Südafrikas, gegründet im Jahr 1679.

VILLAGE MUSEUM

Das Dorfmuseum zeigt auf einem 5000 m² großen Grundstück vier restaurierte Originalhäuser aus verschiedenen Epochen: Das 1709 erbaute **Schreuder House** ist das älteste Stadthaus Südafrikas und wurde von dem deutschen Soldaten Sebastian Schreuder erbaut. Seine einfache Einrichtung steht in deutlichem Kontrast zum opulenten Einrichtungsstil der späteren Zeit. Das **Bletterman House** ist ein typisches Beispiel für ein gehobenes Wohnhaus aus dem 18. Jh. Die Einrichtung ist im Kap-Barockstil gehalten. Gegenüber liegt der Botanische Garten. Das **Grosvenor House** war das erste zweigeschossige Haus in Stellenbosch. Sein Inneres besticht durch stilvolle Möbel aus dem 19. Jh. Es gehört zu den elegantesten historischen Häusern der Region. Das vierte Haus ist das **Bergh House**, das sein heutiges Aussehen ebenfalls im 19. Jh erhielt. Die dunklere Einrichtung im Inneren mit schweren Möbeln veranschaulicht den Stil der zweiten Hälfte jenes Jahrhunderts.

18 Ryneveld Street | Mo–Sa 9–17, So 10–13 Uhr | 30 Rand

SMAC GALLERY

Die **Stellenbosch Modern and Contemporary Art Gallery** (SMAC) hat sich auf zeitgenössische Kunst spezialisiert und zeigt Exponate sowohl von etablierten als auch von aufstrebenden nationalen und internationalen Künstlern. Mittlerweile unterhält sie Dependancen in Woodstock und Johannesburg. Neben wechselnden Ausstellungen präsentiert die Galerie in regelmäßigen Abständen auch größere historische Ausstellungen und Projekte, die sich mit der südafrikanischen Kunstgeschichte in globalem Kontext auseinandersetzen.

De Wet Centre, Church Street | Mo–Fr 9–17, Sa 10–15 Uhr | www. smacgallery.com

HELSHOOGTE PASS

Der schöne Pass verbindet Stellenbosch mit dem Drakenstein Valley und führt vorbei an mehreren Obstplantagen und Weingütern nach Franschhoek. Sein Name, der so viel wie »Höllenhöhe« bedeutet, stammt aus früherer Zeit und ist da-

Die Stellenbosch University ist eine der wichtigsten Universitäten Südafrikas. Heute studieren hier knapp 30 000 Studenten an 150 Fachbereichen.

rauf zurückzuführen, dass die teilweise sehr steile Strecke nur schwer von Ochsenkarren bewältigt werden konnte. Der Pass wird auch gerne von ambitionierten Radfahrern befahren.

Helshoogte Road (R 310), nördlich von Stellenbosch beginnend

Übernachten

Idyllische Weinfarm
SPIER WINE FARM

Das familienfreundliche Hotel befindet sich auf dem weitläufigen Anwesen des renommierten Weinguts Spier und bietet diverse Unterhaltungsmöglichkeiten. Die äußerst komfortable Unterkunft hat unterschiedliche Zimmerkategorien und Suiten. Die im Dorfstil gehaltenen Gebäude gruppieren sich um sechs Innenhöfe mit jeweils eigenen Pools. Mehrere Restaurants servieren regionale Gerichte und schenken dazu die hauseigenen, fair produzierten Weine aus. Im schönen Garten kann außerdem gepicknickt werden.

Annandale Road | Tel. 0 21/8 09 11 00 | www.spier.co.za | 153 Zimmer | €€

Zentrale Lage
CALEDON VILLA

Das im historischen Teil der Stadt gelegene Gästehaus befindet sich in einem mehr als

300 Jahre alten Gebäude und wird von den deutschen Gastgebern Johan und Ode betrieben. Jedes der unterschiedlich großen Zimmer hat seinen eigenen Charakter und ist im klassischen Stil dekoriert. Ein Pool befindet sich im großzügigen Gartenbereich des hübschen Hauses. Die Universität sowie das Stadtzentrum liegen gleich um die Ecke und sind in wenigen Minuten bequem zu Fuß zu erreichen.

7 Neethling Street | Tel. 0 21/8 83 89 12 | www.caledonvilla.co.za | 15 Zimmer | €

Entspannung pur
MAJEKA HOUSE

Das exklusive Fünf-Sterne-Boutiquehotel besticht vor allem durch sein außergewöhnliches Interieur mit modernen Designmöbeln und hochwertiger Kunst. Die großzügigen Zimmer sind luxuriös ausgestattet. Außerdem können sich Hotelgäste im Spa des Hauses von Kopf bis Fuß verwöhnen lassen. Der Poolbereich im Inneren des Hauses ist ebenso stylish wie der Entspannungsbereich mit Pool im Garten, der von blauen Designliegen umringt

wird. Das mehrfach ausgezeichnete Restaurant Majeka Kitchen serviert lokale und internationale Fusionsküche im Tapas-Style.

26–32 Houtkapper Street | Tel. 0 21/8 80 15 12 | www.majeka house.co.za | 23 Zimmer | €€€

Weingüter

Mit Spitzenrestaurant
HIDDEN VALLEY WINES

Das an den Hängen des Helderbergs gelegene Weingut ist umgeben von schönen Weinreben, Olivenhainen, Mandelbaumplantagen und Fynbos-Vegetation. Neben Sauvignon Blanc und Rotwein-Cuvées werden auf dem Gut auch Olivenöle in Topqualität produziert. Im Spitzenrestaurant Overture, das seit vielen Jahren zu den besten Lokalitäten des Landes gehört, kreiert Chefkoch Bertus Basson traditionelle südafrikanische Gerichte aus Zutaten der Region. Reservierungen zum Lunch und Dinner sind während der Saison einige Tage im Voraus notwendig.

T 4 Route, Off Annandale Road (R 344) | Tel. 0 21/8 80 26 45 | www.hiddenvalleywines.com | €€€

Wein vom Golfprofi
ERNIE ELS WINES

Der südafrikanische Golf-profi Erni Els geht auf dem idyllisch gelegenen Weingut seiner zweiten Leidenschaft nach: dem Anbau von Rot- und Weißweinen. Seine Spe-zialität sind Rotwein-Cuvées, wie beispielsweise der inter-national bekannte Klassiker Big Easy. Die weitläufige Gar-tenanlage ist wie ein Golf-platz angelegt. Mittags wird auf der schönen Terrasse be-gleitend zur Weinprobe ein Lunch mit Burgern und an-deren Gerichten angeboten.

Annandale Road | Tel. 0 21/ 8 81 35 88 | www.ernieelswines. com | €€

Tradition und Moderne
DORNIER WINES

Das von der deutschen Fami-lie Dornier betriebene Wein-gut liegt umgeben von den Stellenbosch- und Helder-berg-Bergen im Blaauwklip-pen-Tal. Der Künstler Chris-toph Dornier, Mitglied der berühmten Flugzeugherstel-lerfamilie, hat es 1995 ge-gründet und den neuen Teil des Weinguts selbst entwor-fen. In einem aufwendig res-taurierten Gebäude des 18. Jh.

befindet sich das hauseigene Restaurant Bodega, das Mit-tagsgerichte und Tapas ser-viert. In einer bezaubernden alten Villa gibt es außerdem schöne Gästezimmer.

Dornier Road | Tel. 0 21/8 80 05 57 | www.dornier.co.za | €€

Exklusives Ambiente
DELAIRE GRAFF ESTATE

Das Weingut des britischen Diamantenhändlers Laurence Graff auf dem Helshoogte Pass ist das exklusivste und außergewöhnlichste der Ge-gend. Eine beeindrucken-de Kunstsammlung schmückt den Garten und die Wände des Haupthauses. Die Kunst-werke stammen zum Teil aus der Privatsammlung des Hausherrn. Zum traumhaft gelegenen Anwesen mit atem-beraubenden Aussichten ge-hören auch zwei erstklassige Restaurants: das asiatisch in-spirierte Indochine sowie das Delaire Graff Restaurant mit moderner Küche und außer-gewöhnlichen Weinen. Au-ßerdem gibt es noch zehn Luxusvillen mit Privatpool für anspruchsvolle Gäste.

Helshoogte Road | Tel. 0 21/8 85 81 60 | www.delaire.co.za | €€€

Traditionsweingut
JORDAN WINE ESTATE

Seit langer Zeit gehört das Weingut zu den besten Erzeugern der Region. Es ist mehr als 300 Jahre alt und bietet schöne Aussichten auf Stellenbosch, den Tafelberg und die False Bay. Das Jordan Restaurant von Küchenchef George Jardines wurde mehrmals unter die besten des Landes gewählt und serviert eine kreative Landhausküche. In der gleichnamigen Bäckerei gibt es exzellente Frühstücksangebote und leckere Backwaren zum Mitnehmen. Übernachtungsgästen stehen gut ausgestattete Suiten zur Verfügung.

Die Boord | Tel. 0 21/8 81 36 12 | www.jordanwines.com | €€€

SOMERSET WEST B3

60 000 Einwohner

Südlich von Stellenbosch liegt Somerset West am Fuße des Helderbergs. Es wird im Norden von den Hottentots Holland Mountains begrenzt und gehört sowohl zum Gebiet der Winelands als auch zur False Bay. Das **Helderberg Nature Reserve** ist ein Paradies für Naturliebhaber. Golfer kommen auf vier verschiedenen Plätzen auf ihre Kosten. Wegen des angenehmen Klimas, das im Sommer weniger heiß ist als in dem weiter im Landesinneren gelegenen Stellenbosch, haben sich hier auch viele deutsche Auswanderer niedergelassen.

Weingüter

Idyllisch
VERGELEGEN WINE ESTATE

Das Vergelegen Wine Estate ist ein weiteres Traditionsweingut und gehört zu den schönsten der Region. Ein besonderes Erlebnis ist das Picknick, das von November bis April inmitten eines Waldes unter riesigen Kampferbäumen an eingedeckten Tischen serviert wird. Die leckeren Picknickkörbe werden je nach Wunsch entweder mit klassischen Spezialitäten, vegetarisch oder vegan befüllt und enthalten eine Auswahl an Vor- und Hauptspeisen, Käse und Desserts mit Kaffee.

Das private Naturschutzgebiet am Helderberg beherbergt die typische Fynbos-Vegetation der Region und zahlreiche tierische Bewohner.

Außerdem gibt es hier zwei ebenfalls sehr empfehlenswerte Restaurants.

Vergelegen Avenue | www.verge legen.co.za | Picknick: 12.15–15.30 Uhr, 310–330 Rand, Reservierungen vorab notwendig | Bistro tgl. 9–17, Weinprobe tgl. 9–16.30 Uhr, ab 30 Rand | €€–€€€

Gourmetküche in Spitzenlage

RESTAURANT @WATERKLOOF

Das moderne Weingut, in traumhafter Lage an den idyllischen Hängen des Schaapenbergs gelegen, hat sich nicht nur mit seinen guten Tropfen einen Namen gemacht. Sein Fine-dining-Restaurant, das sich in einem imposanten Glaskubus befindet, hat bereits zahlreiche Auszeichnung erhalten, unter anderem wurde es kürzlich zum besten Restaurant Südafrikas gewählt. Küchenchef Czarneckis kreative Kreationen sind kunstvoll auf dem Teller angerichtet und ein Hochgenuss. Die Terrasse ist bei gutem Wetter ein wunderschöner Ort, um ein Glas Wein mit Traumaussichten auf Somerset West und das Meer zu genießen.

Sir Lowry's Pass | Tel. 0 21/8 58 14 91 | www.waterkloofwines.co. za | Mo–So 12–14, Mo–Sa 19 bis 21 Uhr (unbedingt vorab reservieren) | €€€€

Die Reben des Pinotage – eine südafrikanische Weinspezialität – bevorzugen besonders trockene und heiße Standorte.

Pinotage – Südafrikas Nationalrebe

Die Winelands rund um Kapstadt bieten durch ihre unterschiedlichen Klimabedingungen und Bodenbeschaffenheiten ideale Bedingungen für einen vielfältigen Weinanbau. Während früher fast ausschließliche weiße Rebsorten kultiviert wurden, nehmen rote Trauben mittlerweile fast die Hälfte aller südafrikanischen Weingärten ein. Neben den klassischen europäischen Rebsorten, die in exzellenter Qualität und zu fairen Preisen angeboten werden, hat auch eine ureigene Traubensorte dazu beigetragen, dass sich Südafrika einen Spitzenplatz in der internationalen Weinlandschaft verdient hat: der dunkelrote, vollmundige Pinotage.

Vor fast 100 Jahren, im Jahr 1925, wurden an der Universität von Stellenbosch zwei Rebsorten von verschiedenem Charakter gekreuzt – der aus dem kühleren Burgund stammende, feinfruchtige Pinot Noir und der eher rustikale, tanninreichen

Cinsault aus der wärmeren Gegend Südfrankreichs. Das von Professor **Abraham Perold** durchgeführte Experiment war erfolgreich und hatte die Entstehung von Südafrikas erster eigener Rebsorte, Pinotage, zur Folge. In den 1960er-Jahren kamen die ersten Weine auf den Markt und erfreuten sich nach anfänglichen Schwierigkeiten einer zunehmenden Beliebtheit. Heute gehören Pinotage-Rotweine zu den beliebtesten Sorten des Landes und haben sich auch international einen Namen gemacht. In kleineren Mengen wird die Rebsorte inzwischen sogar in anderen Ländern wie Neuseeland oder Kanada angebaut. Traditionell wird sie sortenrein ausgebaut, inzwischen wird die Traube aber auch zusammen mit anderen kräftigen Rotweinsorten in Cuvées verarbeitet. Mit seinem intensiven **Aroma**, das an rote Beeren und tropische Früchte erinnert, sowie einem rauchigen Bukett ist Pinotage ein idealer Begleiter zu roten Fleisch- oder Wildspezialitäten.

> Jedes Jahr am zweiten Samstag im Oktober wird der Internationale Pinotage-Tag mit besonderen Events und Tastings gefeiert.

Auch wenn die Anfänge des Weinanbaus in Südafrika lange Zeit zurückliegen (Jan van Riebeeck hielt das Jahr 1659 für die erste Weinherstellung in seinem Tagebuch fest), beginnt die moderne Weinwirtschaft Südafrikas eigentlich erst in den 1990er-Jahren. Mit den Anfängen der Demokratie konnten erstmals die privaten Weingüter und mit ihnen die Entwicklung von unterschiedlichen Rebsorten und Stilrichtungen bei der Weinherstellung erblühen. Die Qualität der südafrikanischen Weine hat sich seitdem deutlich verbessert, außerdem entwickeln sich jedes Jahr neue Boutique-Weingüter, die Einheimische und Weinfreunde aus aller Welt in die Weinregion rund um Kapstadt locken.

Das **Weingut Beyerskloof** in der Nähe von Stellenbosch widmet sich seit langer Zeit und mit viel Hingabe der südafrikanischen Traube und bietet unterschiedliche Pinotage-Weine an, die bei einem *wine tasting* probiert werden können. Im dazugehörigen Restaurant werden außerdem Spezialitäten mit Pinotage angeboten (www.beyerskloof.co.za).

FRANSCHHOEK B3

17 000 Einwohner

Der malerisch im Franschhoek-Tal gelegene Ort gilt als **Gourmethauptstadt des Landes** und ist ein Stück Frankreich im südlichen Afrika. Nirgendwo anders findet sich eine größere Dichte an Gourmetrestaurants, mehr als 40 hochkarätige Weingüter machen den überschaubaren Ort außerdem aus. Die meisten Lokale befinden sich auf der Hauptstraße, der Huguenot Street. In der Quaint Street findet sich zudem eine Auswahl an kleineren Geschäften und Galerien. Die umliegenden Berge bieten perfekte Bedingungen für Outdoor-Sport.

Franschhoeks Gründungszeit geht auf die zweite Hälfte des 17. Jh. zurück und ist mit tragischen Geschehnissen in Europa verbunden: Nach der Aufhebung des Ediktes von Nantes durch König Ludwig XIV. im Jahr 1688, das allen Einwohnern Frankreichs die Glaubensfreiheit versprach, wurden die protestantischen **Hugenotten** im ganzen Land verfolgt. 277 von ihnen flohen daraufhin nach Kapstadt. Wie bereits andere Siedler vor ihnen, bekamen sie Land zugesprochen und ließen sich im heutigen Franschhoek nieder. Unter den Einwanderern waren auch viele Winzer, die früh erkannten, dass sich ihre neue Heimat bestens zum Weinanbau eignet. Jedes Jahr im Juli wird das traditionelle Franschhoek Bastille Festival gefeiert.

Sehenswertes

HUGUENOT MONUMENT

Das 1938 zum 250. Jahrestag der Ankunft der französischen Einwanderer eingeweihte Denkmal erinnert an die Vertreibung der Hugenotten aus ihrer Heimat. Das Granitmonument ist von verschiedenen symbolischen Elementen geprägt: Die Zentralfigur stellt eine Frau dar, die eine Bibel in der rechten und eine zerbrochene Kette (symbolisch für die Loslösung von religiöser Unterdrückung) in der linken Hand hält. Die drei Bögen hinter der Figur stellen die Dreifaltigkeit dar. Als Zeichen für das Überweltliche steht die Figur auf dem Erdball.

Ecke Huguenot/Lambrecht Street

Das Huguenot Monument erinnert an den Einfluss der französischen Hugenotten, die die Region in der Zeit von 1683 and 1756 besiedelten.

HUGUENOT MEMORIAL MUSEUM

Neben dem Hugenottendenkmal befindet sich das **Hugenottenmuseum**. Es widmet sich der Geschichte der französischen Einwanderer von der ersten Zeit am Kap bis heute. Außerdem gibt es eine Ausstellung von antiken Möbeln und anderen Gegenständen aus früheren Zeiten. Das Gebäude ist eine Rekonstruktion eines früheren Herrenhauses, das 1791 in der Kapstädter Kloof Street errichtet und von Willem Ferdinand van Reede van Oudtshoorn, einem früheren Buchhalter der VOC, bewohnt wurde. Für den aufwendigen Nachbau wurden in den 1960er-Jahren einzelne Bauteile nach Franschhoek transportiert und dort nach Vorbild des Originals wieder aufgebaut.

Lambrecht Street | www.museum.co.za | Mo–Sa 9–17, So 14–17 Uhr | 80 Rand, Kinder 40 Rand

FRANSCHHOEK PASS

Mehr als 700 m hoch windet sich die Straße mit vielen **Serpentinen** durch die Berge und bietet faszinierende Aussichten auf das Franschhoek-Tal und seine Weinplantagen. Der 1819 eröffnete Pass war früher als Olifants Pass bekannt, da er einst-

Im Saasveld House, dem Hauptgebäude des Huguenot Memorial Museum, residierte einst ein Beamter der Niederländischen Ostindien-Kompanie.

von Elefanten ausgetrampelt wurde. Er gehört zu den schönsten Straßen am Kap. Nach 13 km endet die Strecke am Theewaterskloof-Damm. Wer über die nötige Fitness verfügt, kann den anspruchsvollen Pass auch auf dem Rad erklimmen.
R45 (Lambrechts Road), zwischen Franschhoek und Villiersdorp

Übernachten

Freundliche Atmosphäre
AUBERGE DANIELLA
Wie ein Zuhause in der Ferne ist das gemütliche Gästehaus unweit des Zentrums im französischen Stil gestaltet. Seine zwei sehr großzügigen Apartments sind in Wohnraum, Essbereich, Küche und Schlafzimmer unterteilt. Außerdem gibt es ein Cottage für vier Personen. Alles wurde gemütlich eingerichtet, die Atmosphäre ist familiär. Garten mit kleinem Pool.
5 Main Road | Tel. 0 21/8 76 20 31 | www.aubergedaniella.co.za | 2 Apartments, 1 Cottage | €€

Kunst und Kultur
AVONDROOD GUESTHOUSE
In einem historischen Gebäude im viktorianischen Stil befindet sich das restaurierte Gästehaus. Jedes der charmanten Zimmer hat seinen eigenen Stil, überall sind lie-

bevolle Details zu finden. Die Leidenschaft der Besitzer für Kunst zeigt sich in den vielen Gemälden und Skulpturen. Ein großzügiger Pool mit Jacuzzi lädt im schönen Garten zum Entspannen ein.

39 Huguenot Street | Tel. 0 21/8 76 28 81 | www.avondrood.com | 6 Zimmer | €€

Mit Fine Dining
LE QUARTIER FRANÇAIS

Das Fünf-Sterne-Boutique-hotel liegt nur wenige Meter von der Hauptstraße Franschhoeks entfernt und wirkt dennoch wie ein kleines Dorf. Die Zimmer und Suiten sind ein gelungener Mix aus französischem und afrikanischem Stil. Neben Weinanbau wird auf dem Gelände auch eine kleine Mikrobrauerei betrieben. Zum Bier gibt es mexikanisch inspirierte Gerichte. Gediegener geht es in den vier weiteren Restaurants des Anwesens zu, darunter das Petit La Colombe, ein Ableger des Gourmettempels in Constantia (→ S. 152).

Ecke Berg/Wilhelmina Street | Tel. 0 21/8 76 21 51 | www.leeu collection.com | 21 Zimmer und Suiten | €€€€

Essen und Trinken

Streng lokale Küche
FOLIAGE

Das Menü des ausgezeichneten Restaurants in Franschhoek wechselt fast täglich und vereint kunstvoll angerichtete Speisen, die mit besonderen Zutaten zubereitet werden. Alle verwendeten Waren werden konsequent lokal ausgesucht. Chefkoch Chris Erasmus und sein Team gehen sogar selbst auf »Futtersuche«, um einen Teil der besonderen Ingredienzen von Hand zu pflücken.

11 Huguenot Road | Tel. 0 21/8 76 23 28 | www.foliage.co.za | Mo–Fr 19–21, Sa 12–14 und 19–20.30 Uhr (letzte Tischvergabe) | €€€

Einkaufen

Landleben pur
FRANSCHHOEK VILLAGE MARKET

Der Spezialitätenmarkt findet samstags auf dem Gelände der NG Kerk unter Schatten spendenden Eichen statt. An den Ständen werden lokale Köstlichkeiten, Bio- und Deli-Produkte sowie Handarbeiten und Kunstwerke angeboten, dazu gibt es Livemusik.

Der Markt ist ein idealer Ort, um das Landleben außerhalb der Stadt in entspannter Atmosphäre zu genießen.

29 Huguenot Street | www.fransch hoekvillagemarket.co.za | samstags 9–15 Uhr (je nach Wetter)

Weingüter

Renommiertes Traditionshaus
HAUTE CABRIÈRE

Das herrlich gelegene Weingut am Fuße der Franschhoekberge ist nicht nur für seine Weiß- und Roséweine, sondern auch für die unter der Marke Pierre Jourdan laufenden Schaumweine bekannt. Lange wurde es vom Kellermeister Achim von Arnim geleitet, der auch für die Produktion des champagnerähnlichen Schaumweins verantwortlich war. Seit ein paar Jahren wird das Gut von seinem Sohn Takuan und dessen Frau geführt. Neben dem beliebten Restaurant gibt es

eine Bäckerei mit Deli, auf der schönen Terrasse werden Tapas zum Wein serviert.

Lambrechts Road | Tel. 0 21/8 76 36 88 | www.cabriere.co.za | tgl. Frühstück, Lunch, Tapas und Dinner | €€€

Beste Bioqualität
LA MOTTE

Die Weine des Traditionsguts gehören zu den besten der Region und werden ökologisch produziert. Die Anlage umfasst mehrere historische Gebäude (die ersten Weinstöcke wurden hier bereits 1752 angepflanzt) und eine Bergwanderroute, auf der Besucher die vielfältige Vogelwelt bewundern können. Das elegante Restaurant Pierneef à la Motte serviert traditionelle südafrikanische Gerichte mit modernem Pfiff. Im Farmshop können die hauseigenen Spezialitäten gekauft werden.

R 45, Main Road | Tel. 0 21/8 76 88 00 | www.la-motte.com | Lunch Di–So 11–15 Uhr | €€–€€€

PAARL B2

125 000 Einwohner

Paarl ist nach Kapstadt die zweitgrößte Stadt der Kap-Region und bildet zusammen mit Stellenbosch das **Zentrum der Weinregion**. Der Name der Stadt, der aus dem Afrikaans

Wahrzeichen von Paarl: Weithin sichtbar thront das Denkmal für die Afrikaans-Sprache über der Stadt, umgeben von einem schönen Landschaftspark.

übersetzt »Perle« bedeutet, geht auf den in der Sonne schimmernden und an Perlmutt erinnernden Felsen Paarl Rock zurück. Die ersten Siedler aus Holland und Deutschland ließen sich bereits 1687 hier nieder, später folgten die Hugenotten und legten den Grundstein für die florierende Weinindustrie. Neben ausgezeichneten Trauben für die Weinherstellung wird in der Stadt vor allem Obst angebaut und außerdem Bier produziert. Für Hopfenproduktion ist vor allem der ehemalige Paulaner Braumeister Wolfgang Ködel und seine Cape Brewing Company verantwortlich.

Die 11 km lange **Main Road** ist die längste Hauptstraße Südafrikas und spiegelt die Geschichte der Stadt wider: Kapholländische und viktorianische Bauten vermischen sich hier mit modernem Design. Im Gegensatz zu Franschhoek gilt Paarl zwar nicht als Gourmetstadt, dennoch sind auch hier gute Lokale zu finden. Die meisten sind in der Main Road angesiedelt. In den letzten Jahren sind auch einige schöne Antiquitätenläden und Kunstgalerien, wie etwa die Gallery 88 des Deutschen Herrmann Krüger, entstanden.

Sehenswertes

DIE AFRIKAANSE TAALMUSEUM

Paarl spielte in der Entwicklung des Afrikaans eine wichtige Rolle. 1875 hat sich hier die Genootskap van Regte Afrikaaners (Gemeinschaft der echten Afrikaner) mit dem Ziel gebildet, die Sprache auch als Schriftsprache zu etablieren. Im darauffolgenden Jahr wurde die erste Zeitung (»Die Patriot«) in Afrikaans publiziert. Als Amtssprache wurde Afrikaans (neben Englisch) jedoch erst 1925 akzeptiert. Das Museum dokumentiert die Geschichte und Entwicklung der Sprache.

11 Pastorie Avenue | www.taalmuseum.co.za | Mo–Fr 9–16 Uhr | 20 Rand, Kinder 5 Rand

DIE AFRIKAANSE TAALMONUMENT

Oberhalb der Stadt steht das Denkmal der Afrikaans-Sprache (Taal heißt auf Deutsch »Sprache«). Es besteht aus drei miteinander verbundenen Säulen sowie einem 57 m hohen Turm und wurde 1975 eingeweiht. Die drei Säulen symbolisieren die Beeinflussung durch die europäischen, malaiischen und afrikanischen Kulturen. Die höchste Säule stellt das Afrikaans dar.

Gabbema Doordrift Street, Paarl Berg | tgl. 8–20 Uhr (Winter 8–17 Uhr)

Übernachten

In den Weinbergen
GRANDE ROCHE

Das schicke Fünf-Sterne-Hotel in traumhafter Lage am Fuße des Paarl Rock bietet Luxus pur. Die stilvollen Suiten befinden sich in reetgedeckten historischen Häusern. Berühmt ist auch das hauseigene Restaurant Bosman's. Die Spezialitäten umfassen regionale Gerichte wie Forelle, aber auch international inspirierte Kreationen.

Plantasie Street | Tel. 0 21/8 63 51 00 | www.granderoche.com | 28 Suiten | €€€

Geschmackvoll
CASCADE COUNTRY MANOR

Etwas außerhalb liegt das Boutiquehotel auf einem Anwesen mit kleinem Wasserfall und ist ideal für Naturliebhaber. Wer aktiv sein will, kann

Ein Rundgang durch die Winzergenossenschaft KWV führt durch weitläufige Kellergewölbe. Höhepunkt der Tour ist der beeindruckende Cathedral Cellar.

die angrenzenden Mountainbikestrecken abfahren. Die Zimmer und Suiten sind modern und stilvoll. Im Restaurant können sich Gäste verwöhnen lassen, außerdem gibt es ein Spa.
Nederburg, Waterval Road | Tel. 0 21/8 68 02 27 | www.cascade manor.co.za | 15 Zimmer und Suiten | €€

Weingüter

Große Weintradition
LABORIE WINE FARM
Das Weingut gehört zu den ältesten des Landes. Schon seit 1698 wird hier Wein gekeltert. Laborie ist auch für seine Cap-Classique-Schaumweine bekannt. An den Probierraum ist ein Restaurant angeschlossen, außerdem gibt es ein schönes Gästehaus.
Tailleffert Street/Main Road | Tel. 0 21/8 07 33 90 | www.laboriewines. co.za | Mo–Sa 9–17, So 11–17 Uhr

Weinfässer zum Staunen
KWV EMPORIUM
Die hiesige Winzergenossenschaft produziert seit mehr als 100 Jahren Wein und Spirituosen wie Brandy. Ein Besuch lohnt sich vor allem wegen der interessanten Kellerführungen. Hier sind auch die aus Mammutbäumen hergestellten fünftgrößten Weinfässer der Welt zu bestaunen. Außerdem gibt es Brandytouren und Weinsensorikkurse.
KWV Wine Emporium, Kohler Street | Tel. 0 21/8 07 33 90 | Mo–Sa 9–16.30, So 10–15 Uhr

PANORAMASTRASSE GARDEN ROUTE

Die Garden Route ist die berühmteste Panoramastraße Südafrikas und besticht durch ihre üppige Natur, die im milden Klima der Gegend perfekt gedeiht. Entlang des Indischen Ozeans führen über 200 km Wegstrecke vorbei an traumhaften Stränden und durch dichte Wälder.

Von Kapstadt aus ist die Garden Route über die Schnellstraße N 2 in gut vier Stunden erreichbar. Wer jedoch ein bisschen mehr Zeit hat, sollte für die Anfahrt eine andere Route wählen, die schönere Aussichten bietet und es ermöglicht, auch das Landesinnere zu erkunden. Die empfehlenswerte Strecke führt zunächst über die N 1 zur Brandystadt Worcester und dann weiter in die Weingegend von Robertson. Im nahe gelegenen Montagu geht es dann auf die Fernroute R 62, die sich ihren Namen als **südafrikanische Traumstraße** verdient hat. Bis in die 1950er-Jahre war die Strecke die einzige Verbindung zwischen Kapstadt und Port Elizabeth. Heute ist sie als eine der längsten Weinstraßen der Welt bekannt. Die R 62 führt durch atemberaubende Gebirgspässe, und saftig grüne Täler bis zur Halbwüste der Kleinen Karoo. Überall finden sich kleine, idyllische Orte, die zur Rast einladen und einen Besuch lohnen.

Die Garden Route erstreckt sich auf einem schmalen Küstenstreifen, der mehr oder weniger parallel zum Indischen Ozean verläuft. Ihr offizieller Startpunkt ist der Küstenort **Mossel Bay**, ihr Ende findet sie am Storm River im spektakulären **Tsitsikamma-Nationalpark**. Feste Grenzen gibt es jedoch nicht, es scheint eher so, als wenn sich jeder seine eigenen zieht. Die Straußenhauptstadt **Oudtshoorn** wird gelegentlich

Der Roadtrip über die Garden Route verläuft durch einige bezaubernde Küstenortschaften, etwa Wilderness am gleichnamigen Nationalpark.

auch zur Garden Route gezählt, ihr eigentlicher Bereich liegt jedoch an der Küste. Die schönsten Orte sind **Knysna** und **Plettenberg Bay**. Knysna besticht durch eine tolle Lagune, Plettenberg Bay mit langen Traumstränden.

Was die Garden Route auf ihrer gesamten Strecke ausmacht, sind ihr mildes Klima und ihre abwechslungsreiche, üppige Natur. Von feinen Sandstränden über dichte Urwälder, steile Pässe und tiefe Schluchten bis zu einer faszinierenden Tierwelt, schönen Hotels und ausgezeichneten Restaurants ist hier so ziemlich alles vertreten, was ein abwechslungsreiches Urlaubsgebiet bieten sollte. Das macht die Panoramastraße so beliebt.

MOSSEL BAY D3

130 000 Einwohner

In der Mitte zwischen Kapstadt und Port Elizabeth gelegen, gilt Mossel Bay als Tor zur Panoramastraße. Der ehemals verschlafene Fischerort hat sich zu einem beliebten Ferienort im Sommer gemausert. Bei Urlaubern ist die Küstenstadt wegen ihres ausgeglichenen Klimas mit mehr als 300 Sonnentagen im Jahr,

Im Gondwana Game Reserve können Besucher den afrikanischen Wildtieren in ihrer natürlichen Umgebung ganz nah kommen.

den langen Sandstränden von **Dana Bay** und **Little Brak River** sowie den guten Wassersportmöglichkeiten gefragt. Mossel Bay wurde bereits früh von Europäern entdeckt: Im Jahr 1488 ankerte der portugiesische Seefahrer Bartolomeu Dias hier während seiner Afrika-Umfahrung. Die erste Landung durch Europäer an der Ostküste Südafrikas war damit gelungen. Nach Vasco da Gama 1497 kamen im 17. Jh. die Holländer, von denen der Name der Stadt Mosselbaai stammt, was so viel wie »Muschelbucht« bedeutet.

Sehenswertes

BARTOLOMEU DIAS MUSEUM COMPLEX

Hier vereinen sich mehrere Sehenswürdigkeiten an einem Ort. Das Highlight des maritimen Museums ist der **Nachbau des Schiffes**, mit dem Dias vor mehr als fünf Jahrhunderten in Mossel Bay ankerte. Zum 500. Jahrestag der Landung segelte es 1988 von Portugal aus noch einmal die von Dias gefahrene Strecke bis Mossel Bay. Besucher können heute die verschiedenen Decks des Schiffs erkunden. Wenige Meter vom Museum entfernt steht der **Old Post Office Tree**. In dem unter Denkmalschutz stehenden alten Milkwood-Baum hing früher ein Lederstiefel, in dem die ersten Seefahrer Briefe für nachfolgende Schiffe deponierten. Ein kleines Behältnis in Form eines Lederstiefels dient hier heute noch als Briefkasten. Auch die von Diaz und seinen Männern verwendete Trinkwasserquelle ist noch immer im Einsatz.

1 Market Street | tgl. 9.45–15.45 Uhr | 20 Rand, Kinder 5 Rand

GONDWANA GAME RESERVE

Rund 40 km nordwestlich von Mossel Bay liegt eines der schönsten und mit 11 000 Hektar Fläche auch das größte privat geführte Game Reserve am südlichen Kap. Auf den zweimal täglich angebotenen **Pirschfahrten** stehen faszinierende Begegnungen aus nächster Nähe nicht nur mit den Big Five Afrikas (Löwen, Elefanten, Büffeln, Nashörner und Leoparden), sondern auch mit Giraffen, Antilopen, Zebras, Flusspferden und anderen Tieren auf dem Programm. Die 14 frei stehenden exklusiven Lodge-Unterkünfte und Bush Villas wurden in Anlehnung an den traditionellen Hüttenbaustil des Khoi-San-Volkes erbaut. Eine breite Glasfront bietet traumhafte Blicke über das Tal. Vom Bett aus lassen sich durch eine Glaskuppel bei klarem Himmel sogar die Sterne beobachten. Für Familien gibt es eine Villa mit drei Zimmern. Am Abend werden die Gäste beim entspannten Dinner mit europäisch-afrikanischen Gerichten oder Barbecue in freier Natur verwöhnt. Wer sich noch intensiver mit der Tierwelt und Natur im Busch beschäftigen möchte, hat sogar die Gelegenheit, an einem mehrtägigen Game-Ranger-Programm teilzunehmen.

Abseits der R 327, Herbertsdale Road | Tel. 0 74/5 82 48 61 | www. gondwanagr.co.za | €€€€

GEORGE E2

160 000 Einwohner

Die Universitäts- und Industriestadt gehört zu den größten Städten des Western Cape und ist der **Hauptort der Garden Route**. Ihr Name geht auf die Gründung im Jahr 1811 zurück:

Die Stadt stand damals unter britischer Herrschaft, ihr Namensgeber war König George III. Vor der alten Bibliothek, in der sich heute das Tourismusbüro befindet, wurde 1812 eine Eiche gepflanzt, die von der kolonialen Vergangenheit zeugt: Früher wurden hier Sklaven angekettet, die zum Verkauf angeboten wurden. Ein Stück der alten Kette hat sich in den Baum eingefressen und ist heute noch zu sehen. Beliebt ist George auch bei Golfern, denn in der Gegend befinden sich zwei weltberühmte **Golfplätze**: der Fancourt (entworfen von Gary Player) und der sehr hügelige und bewaldete traditionsreiche George Golf Club von 1886.

Sehenswertes

SEVEN PASSES ROAD

Die 75 km lange, historische **Panoramastrecke** schlängelt sich von George bis zum Küstenort Knysna entlang der Outeniqua Mountains durch dichtes Grün. Mehrere Brücken führen über tiefe Schluchten und bieten atemberaubende Aussichten auf die üppige Berglandschaft. An den Aussichtspunkten gibt es Picknickplätze, die zur Rast einladen. Im Jahr 1867 wurde die Straße vom berühmten südafrikanischen Straßenbaumeister Thomas Bain erbaut und diente bis in die 1950er-Jahre als Hauptverbindungsstraße zwischen George und Knysna. Die Strecke ist teilweise ungeteert, kann bei gutem Wetter aber mit einem normalen Pkw befahren werden. Für die sieben Pässe sollten rund 2,5 Stunden Fahrtzeit eingeplant werden.

Aus George kommend über Knysna Road (nach dem PicknPay-Supermarkt links abbiegen)

OUTENIQUA PASS

Der nördlich von George beginnende spektakuläre Pass verbindet die Stadt mit Oudtshoorn und der Halbwüste der Kleinen Karoo. 1943 wurde mit dem Bau begonnen, acht Jahre lang wurde er mithilfe von mehr als 500 italienischen Kriegsgefangenen errichtet. Mehrere Aussichtspunkte lohnen einen Zwischenstopp, viele davon können jedoch nur auf der Fahrt

Durch eine sanft geschwungene grüne Berglandschaft mit vielen Aussichtspunkten schlängelt sich die Straße am Outeniqua Pass.

bergab angefahren werden. Vom **Aussichtspunkt 4 Passes** sind der Montagu Pass, der frühere Pass der Eisenbahnroute Choo-Tjoe, der Outeniqua Pass und der Cradock's Pass zu sehen. Letzterer wurde als Vorgänger des Montagu-Passes im Jahr 1815 fertiggestellt. Er war nur 10 km lang, aber viel zu steil. Ochsenwagen brauchten bis zu 18 Stunden hinauf.

OUDTSHOORN D2

62 000 Einwohner

Die größte Stadt der Kleinen Karoo liegt etwa 60 km nördlich von George und ist für ihre **Straußenzucht** bekannt. Hier leben rund 100 000 der großen Vögel. Während der Boomzeiten im 19. und 20. Jh. waren die Straußenfarmer so reich, dass sich einige von ihnen prachtvolle Paläste bauten, die heute zu den Sehenswürdigkeiten der Stadt gehören. Während früher die Federn der Tiere äußerst begehrt waren, lebt die Straußenindustrie heute eher von der Leder- und Fleischproduktion. Neben den Farmen und Palästen bietet Oudtshoorn eine weitere Sehenswürdigkeit: die außerhalb gelegenen Tropfsteinhöhlen **Cango Caves**. Sie gehören zu den schönsten der Welt.

Sehenswertes

SWARTBERG PASS

Wer noch genügend Zeit hat, um weiter ins Landesinnere zu fahren, sollte unbedingt über den Swartberg Pass reisen. Das Meisterwerk von Thomas Bain ist eine Sehenswürdigkeit für sich und für viele der schönste Pass am Western Cape. Aus Oudtshoorn kommend, schlängelt sich die R 328 dicht entlang der Swartberg-Hänge hinauf zum Pass. Die Swartberge trennen die Große Karoo von der Kleinen Karoo und gehören sowohl zum Cape Floral Kingdom als auch zum **UNESCO-Weltnaturerbe**. Von der staubigen Sandstraße bieten sich grandiose Aussichten. Von 1881 bis 1886 wurde der 27 km lange Pass mithilfe von 240 Häftlingen erbaut. Er war Thomas Bains letzter Auftrag und krönte sein Lebenswerk. Zum 100. Jahrestag der Eröffnung wurde der eindrucksvolle Pass zu einem Nationaldenkmal Südafrikas erklärt. Die Befahrung ist mit einem normalen Pkw möglich, bei Regen sollte jedoch unbedingt eine andere Route gewählt werden, da Fahrzeuge ohne Allradantrieb leicht ins Rutschen geraten. Für die 72 km lange Strecke von Oudtshoorn nach Prince Albert sollten gut zwei Stunden eingeplant werden.

WILDERNESS E2/3

7000 Einwohner

Der idyllische kleine Küstenort besticht durch seinen 8 km langen, wunderschönen Sandstrand sowie durch seine vielen Lagunen und Flüsse. Vom Aussichtspunkt **Dolphin Point** bietet sich ein schöner Blick über die Küsten- und Lagunenlandschaft. Ein weiterer empfehlenswerter Zwischenstopp ist der Aussichtspunkt **Map of Africa**, der aus dem Ort kommend über eine schmale Straße bergauf erreicht werden kann. Seinen Namen verdankt er dem Umstand, dass der Blick nach Norden in das gewundene Tal des Kaaimans Rivers den Umrissen Afrikas ähnelt. Der Ausblick in die entgegengesetzte Richtung über das Meer, Wilderness und die Garden Route ist ebenfalls

Straußenführungen sind in Oudtshoorn ein Besucher-Highlight: Dabei erhält man Einblick in Aufzucht und Haltung der Riesenvögel.

attraktiv. Besucher kommen in erster Linie hierher, um die eindrucksvolle Natur zu erkunden. Kurz hinter dem Ortsausgang beginnt der Wilderness-Teil des gigantischen Garden Route National Park, der eine Fläche von 1210 km² umfasst.

Sehenswertes

GARDEN ROUTE NATIONAL PARK (WILDERNESS-TEIL)

Der erste Teil des Nationalparks beeindruckt durch eine abwechslungsreiche Kombination aus Flusstälern, Bergwäldern, Meeresarmen, Stränden und Küstenlandschaften. Das Nebeneinander von Salz-, Süß- und Brackwasser sorgt für eine **vielfältige Flora und Fauna**. Der Park zählt deshalb zu den artenreichsten Wasservogel-Gebieten des Landes. Neben diversen Vogel- und Fischarten, darunter auch das Knysna-Seepferdchen, sind im Park Otter, Stachelschweine und Meerkatzen beheimatet. Das weitläufige Areal bietet nicht nur herrliche Bademöglichkeiten, sondern auch gute Gelegenheiten zum Segeln, Angeln und Kanufahren. Wanderbegeisterte können den Park auf verschiedenen Naturpfaden erkunden. Übernachtungsmöglichkeiten sind in Cottages und mehr oder weniger rustikalen Hütten und Campingplätzen vorhanden. Besonders schön zeigt sich der Nationalpark während der Blütezeit im Frühling, wenn er von einem bunten Blumenmeer durchzogen ist, sowie im Herbst, wenn sich Wale und Delfine beobachten lassen.

Über die N 2, 2 km östl. von Wilderness | www.sanparks.co.za/parks/garden_route | tgl. 7–18 Uhr | 152 Rand, Kinder 76 Rand

Übernachten

In Strandnähe
CINNAMON GUEST HOUSE

Das Gästehaus wirkt auf den ersten Blick wie ein kleines Hotel, hier wird jedoch besonders viel Wert auf eine persönliche und familiäre Atmosphäre gelegt. Die Zimmer sind äußerst geschmackvoll eingerichtet und verfügen über einen Balkon sowie eine Klimaanlage. Das leckere Frühstück wird auf der Terrasse serviert, den Abend kann man gemütlich an der Bar ausklingen lassen. Der Strand befindet sich nur wenige Gehminuten vom Gästehaus entfernt. Restaurants sind ebenfalls in direkter Nähe zu finden.

2351 Beacon Road | Tel. 0 44/8 77 13 24 | www.cinnamonhouse. co.za | 13 Zimmer | €€

Tolles Frühstück
DUNE BEACH HOUSE

Das moderne Strandhaus befindet sich auf einer Düne in wunderschöner Lage am feinsandigen Strand. Die meisten der großzügigen Zimmer sind zum Meer ausgerichtet und bieten durch bodentiefe Glasfenster einen traumhaften Blick auf die schöne Bucht. Besonders eindrucksvoll sind die Aussichten aus den Zimmern oder von der Terrasse, wenn die vorbeiziehenden Wale zu sehen sind. Zum besonderen Wohlfühlfaktor trägt auch das köstliche Frühstücksbuffet bei. Einziger Nachteil: Seit vielen Jahren ist das Gästehaus so beliebt, dass vor allem in der Saison bereits lange im Voraus reserviert werden muss.

31 Die Duin | Tel. 0 44/8 77 02 98 | www.dunebeachhouse. co.za | 8 Zimmer | €€

Mit Penthouse
THE OCEAN VIEW GUEST HOUSE

Ein paar Häuser weiter und ebenfalls in bester Strandlage liegt das frisch renovierte Ocean View Guest House mit seinen breiten Glasfronten, die auch herrliche Aussichten auf das Meer haben. Alle sechs Zimmer haben Meerblick und sind individuell eingerichtet. Besonderen Luxus bietet das Penthouse im obersten Stockwerk. Auch in diesem Gästehaus lassen sich besonders schöne Augenblicke während der Walsaison erleben, wenn die sanften Riesen und auch Delfine durch den Indischen Ozean ziehen und mit Glück sogar vom Bett aus beobachtet werden können.

39 Die Duin | Tel. 0 44/8 77 03 16 | www.theoceanview.co.za | €€

Essen und Trinken

Multikulti
FLAVA CAFÉ

Die Karte des trendigen Cafés ist ein bunter Mix aus internationalen Spezialitäten: von orientalischen Gerichten wie Couscous-Salat mit Garnelen, über Guacamole, Blauschim-melkäse und Melone bis zu thailändischen Fischküchlein. Daneben gibt es eine Auswahl an Burgern, außerdem Fleisch-, Fisch- und vegetarische Gerichte. Die passende Begleitung sind die hauseigenen Cocktailkreationen oder Craft Beer. In der offenen Küche lassen sich die Köche bei der Arbeit beobachten. Die besten Plätze bietet bei schönem Wetter die Dachterrasse.

George Road | Tel. 0 44/8 77 03 45 | www.flavacafe.co.za | €

Mehrfach ausgezeichnet
SERENDIPITY

Am Ufer des Touw River befindet sich dieses Restaurant und gleichnamige Gästehaus. Das Dinner beginnt hier mit einem Aperitif auf der schönen Terrasse mit Blick auf den Fluss. Danach wird feinste südafrikanische Küche in stilvollem Ambiente serviert. Die Karte wechselt je nach Saison. Wildspezialitäten wie Kudu, Springbock oder Strauß gehören zu den beliebten Klassikern. Eine gute Wahl ist auch das Fünf-Gänge-Menü, das mit der passenden Weinbegleitung serviert wird.

Freesia Avenue | Tel. 0 44/8 77 04 33 | €€

KNYSNA E3

55 000 Einwohner

Die malerische Küstenstadt Knysna bildet das Herz der Garden Route. Ihre Besonderheit ist die rund 20 km² große Lagune, die durch eine schmale felsige Einfahrt, die **Knysna Heads**, mit dem Indischen Ozean verbunden ist. Zudem ist die Stadt umgeben von den größten zusammenhängenden Wäldern Südafrikas. Der Name Knysna ist ein Begriff aus der Sprache der Khoi und heißt so viel wie »Ort des Holzes«. Gegründet wurde Knysna 1804 von George Rex, dem angeblich unehelichen Sohn von George III. Er hatte großen Einfluss auf die wirtschaftliche Entwicklung der Stadt und machte sie 1817 zur Hafenstadt, was einen enormen Aufschwung der Holzindustrie im 19. Jh. zur Folge hatte. Im Gegensatz zu den benachbarten Orten Wilderness und Plettenberg Bay ist Knysna kein klassischer Badeort. Den einzigen Zugang zum Meer bietet der wenige Kilometer entfernte schöne Strand von **Brenton-on-Sea**. Die kulinarische Spezialität der Stadt sind Austern. Ihnen ist sogar ein Festival im Juli gewidmet (→ S. 39). Vom Hafen aus fahren Boote in die Lagune. Im Sommer geht es in dem beliebten Ferienort recht touristisch zu. Wer es ruhiger mag, sollte dann besser auf die Vororte ausweichen oder in der Nebensaison reisen. Am Ende von Knysnas Hauptstraße geht es zur Halbinsel **Thesen Island** (www.thesenharbourtown.co.za) mit ihren exklusiven Wohnhäusern und Apartments.

Sehenswertes

KNYSNA FOREST

Nördlich des Stadtgebiets breitet sich der Knysna Forest aus. Rund 80 000 Hektar sind von dem undurchdringlichen und einst noch viel größeren Wald übrig geblieben. In der Vergangenheit wurde er durch die Forstwirtschaft stark ausgebeutet, außerdem hat ein großer Brand viel Waldfläche zerstört. Heute wird er als Teil des nationalen Naturerbes geschützt. In dem weitläufigen Gebiet finden sich mehr als 100 verschiedene Baumarten. Einige der hier wachsenden *yellowwood trees* sol-

Von riesigen Waldflächen umgeben: In der Umgebung der Lagune von Knysna leben die letzten südafrikanischen Waldelefanten.

len mehr als 800 Jahre alt sein. Im 19. Jh. lebten Hunderte von Elefanten im sicheren Schutz des dichten Waldes. Heute befinden sich nur noch wenige dieser Tiere im Wald. Vermutlich sind nur noch drei Dickhäuter übrig geblieben. Neben diversen Vogelarten lassen sich im Wald auch Antilopen sehen. Über mehrere Spazier- und Wanderwege lässt sich der Wald erkunden. Besonders empfehlenswert sind der 9 km lange **Woodcutters Walk** sowie der 5,6 km lange, relativ einfache **Millwood Mine Walk**, der über die alten Goldminen führt. Wer nicht so gut zu Fuß, aber sattelfest ist, kann auch durch den Wald reiten.

FEATHERBED NATURE RESERVE

Das auf dem westlichen Knysna Head gelegene **Privatreservat** ist nur mit einer Fährfahrt über die Lagune erreichbar. Eine organisierte Tour dauert vier Stunden und beinhaltet eine Bootstour, den Transport durchs Resort mit Allradfahrzeugen und Informationen über das 150 Hektar große Reservat. Von der Spitze des Western Head führt ein 2,2 km langer Weg vorbei an Klippen und Höhlen hinunter zur Küste. Immer wieder bieten sich von hier aus schöne Aussichten auf die Stadt und

Die mächtigen Bewohner des Schutzzentrums Knysna Elephant Park brauchen sich vor Wilderern nicht mehr zu fürchten.

die Lagune. Endstation der Tour ist ein Restaurant, in dem ein Mittagessen angeboten wird (optional).

Featherbed Ferrry Terminus, Remembrance Drive (Waterfront Knysna Quays) | www.knysnafeatherbed.com | tgl. 10, 11.30 Uhr (ohne Lunch 8.30, 14.30 Uhr), Dauer 3–4 Std. | ab 575 Rand, Kinder 135 Rand

KNYSNA HEADS

Der Eingang der Lagune wird von zwei mächtigen Sandsteinklippen, den Knysna Heads, umrahmt. Die Royal Navy bezeichnete die Einfahrt zum Hafen einst als eine der gefährlichsten der Welt. Die östliche Seite der Höhe ist leichter zu erreichen als die westliche, die nur mit dem Boot angefahren werden kann. Auf den Klippen befinden sich verschiedene Aussichtspunkte, die tolle Blicke auf die Lagune bieten.

NOETZIE CASTLES

Auf der Fahrt über die N 2 von Knysna in Richtung Plattenberg Bay führt ein Weg an den Townships am östlichen Stadtrand vorbei. Hier lebt unter anderem die größte Rastafari-Gemeinde im Western Cape. Nach etwa zehn Minuten weiterer Fahrt führt ein Zugang zu den Noetzie Castles. Vom Parkplatz geht es zunächst über eine steile Treppe hinunter zum schönen Sandstrand. Der früher einsame Abschnitt ist heute bekannt für seine ungewöhnlichen Bauwerke, die in den 1930er-Jahren entstanden sind. Die vier Burgen wurden aus den hier vorkommenden Natursteinen gebaut und wirken wie aus einer längst vergangenen Zeit. Drei der vier Burgen bieten auch Übernachtungsmöglichkeiten an.

Noetzie Road (Hornless Road) | www.noetziecastles.co.za

KNYSNA ELEPHANT PARK

Der 1994 gegründete Elefantenpark war der erste des Landes, der sich um die Aufnahme und Pflege von verwaisten Afrikanischen Elefanten kümmerte. Betreiber Ian Withers war schon als Kind fasziniert von den Dickhäutern und wollte sie zurück nach Knysna holen. Zusammen mit seiner Frau betreibt er das **Schutzzentrum** seit über 20 Jahren. Mehr als 30 Elefanten konnten in dieser Zeit aufgezogen und versorgt werden. Die ersten dickhäutigen Bewohner des Parks waren die beiden Elefantenwaisen Harry und Sally, deren Mütter im Krüger-Nationalpark Opfer eines gezielten Abschusses wurden. Neun Tiere sind im Park aktuell heimisch. Besucher haben die Möglichkeit, ihnen bei einem Ausritt nahezukommen, außerdem erfahren sie im angeschlossenen Museum Interessantes über die sensiblen Tiere. Wem das nicht ausreicht, der kann hier sogar mit Aussicht auf die Elefanten übernachten (6 Zimmer, €€).

Abseits der N 2 in Harkerville (zwischen Knysna und Plettenberg) | www.knysnaelephantpark.co.za | tgl. 9–15 Uhr | Tour 320 Rand, Kinder ab 5 Jahren 160 Rand

Übernachten

Blick zur Lagune
VILLA AFRIKANA GUEST SUITES

Oberhalb der Stadt, auf einem Berg, der den schönen Namen Paradise trägt, befindet sich das renommierte Fünf-Sterne-Gästehaus mit tollem Blick auf die Lagune. Die elegante Villa vereint traditionell afrikanischen Stil mit modernen Elementen auf harmonische Art und Weise. Alle Suiten sind zur Lagune ausgerichtet und mit breiten Fensterfronten ausgestattet, die umwerfende Weitsichten ermöglichen. Auf der Terrasse gibt es einen kleinen Pool.

13 Watsonia Drive | Tel. 0 44/3 82 49 89 | www.knysnaparadisecol lection.com | 6 Suiten | €€–€€€

Essen und Trinken

Mediterran geprägt
PEMBREYS BISTRO

Peter Vadas ist eigentlich ein klassisch ausgebildeter Cordon-Bleu-Koch, seit einigen Jahren serviert er in seinem auf dem Weg nach Brenton-on-Sea liegenden Restaurant aber viel lieber täglich wechselnde Speisen, deren Zutaten er unter anderem in seinem eigenen großzügigen Kräutergarten erntet. Ein Genuss ist auch seine frische, hausgemachte Pasta wie z. B. Ravioli mit Walnusssauce. Auch wenn es bei der Auswahl der leckeren Vor- und Hauptspeisen schwerfällt: Man sollte unbedingt noch Platz für eines der köstlichen Desserts lassen, für die das gehobene Restaurant ebenfalls bekannt ist.

Brenton Road, Belvidere | Tel. 0 44/3 86 00 05 | www. pembreys.co.za | €€

Gut und scharf
FIREFLY EATING HOUSE

Das kleine Restaurant an der Lagune serviert die allerbesten und auf Wunsch auch schärfsten Currys der Stadt. Die beiden Betreiberinnen, ein eingespieltes Mutter-Tochter-Team, haben auf ihren Reisen durch Afrika und Asien exotische Gewürze und Rezepte gesammelt. Zu ihren Favoriten gehören z. B. das Fischcurry aus Goa, das sie für ihre Gäste selbst zubereiten. Um die Schärfe der Currys, die je nach individuellem Wunsch auch weniger feurig zubereitet werden, etwas abzumildern, wird zu jedem Gericht ein erfrischendes Lassi (indisches Joghurtgetränk) gereicht.

152a Old Cape Road | Tel. 0 44/ 3 82 14 90 | www.fireflyeating house.com | €€

Österreichische Backkunst
ÎLE DE PAÏN

Von Österreich ans Kap – Markus Färbinger führt in seiner Bäckerei auf Thesen Island die jahrhundertelange Tradition seiner Familie fort und hat dafür sogar den ersten Holzofen in Südafrika gebaut. Die Qualität seiner Sauerteigbrote, Croissants und anderer Backwaren ist überragend. Im dazugehörigen Café werden außerdem hervorragende Frühstücks- und Mittagsgerichte mit europäischen Einflüssen angeboten, für die beste Zutaten verwendet werden. Teil des sympathischen Teams sind auch sozial Benachteiligte, die durch die Arbeit im Café eine Chance auf die Verbesserung ihrer Lebenssituation erhalten haben. Einziger Wehrmutstropfen: Das Île de Païn ist seit vielen Jahren so beliebt, dass es sogar in der Nebensaison schwierig sein kann, einen freien Platz zu ergattern.

The Boatshed | 10 Thesen Island | Tel. 0 44/3 02 57 05 | www.ilede pain.co.za | €€

Einkaufen

Shopping am Hafen
THE WATERFRONT KNYSNA QUAYS

Auch wenn die kleinere Ausgabe der V&A Waterfront in Kapstadt nicht mit ihrem großen Vorbild mithalten kann, findet sich auch hier eine gute Mischung aus schönen Geschäften, Restaurants und Bars. Die Lage direkt am Jachthafen macht ein Besuch der Einkaufsmeile zusätzlich interessant. Beim Lunch oder Dinner lässt sich von einigen Lokalen aus ein Blick aufs Wasser genießen. Vom Hafen starten außerdem verschiedene Bootstouren, unter anderem zum nahen Featherbed Nature Reserve.

Waterfront Drive | www.knysna waterfront.com

PLETTENBERG BAY E3

35 000 Einwohner

Mit seinen 15 km langen Stränden und 320 Sonnentagen im Jahr ist Plettenberg Bay bei Südafrikanern und Urlaubern äußerst beliebt. Schon die im 18. Jh. hier angekommenen Portugiesen waren von der Bucht so beeindruckt, dass sie ihr den Namen *Bahia formosa* (schöne Bucht) gaben. Historische Sehenswürdigkeiten sind hier zwar nicht vorhanden, das tut dem Ferienort aber keinen Abbruch, denn Besucher kommen vor allem zum Sonnen, Surfen oder Schnorcheln in den Badeort.

An der Hauptstraße sind neben einigen guten Restaurants und schönen Cafés auch Modegeschäfte, Juweliere und Kunstgalerien versammelt. Während der Walsaison ist Plettenberg Bay, das von den Einheimischen abgekürzt Plet genannt wird, auch ein beliebter Ort für Beobachtungsfahrten (ein guter Anbieter dafür ist www.oceanadventures.co.za). Wer es lieber ruhig mag, kann sich in den Vorort oberhalb des Strandabschnitts **Robberg Beach** zurückziehen. Hier befindet sich auch das Robberg Nature Reserve mit seiner außergewöhnlichen Lage am Meer. Etwas weiter außerhalb liegt das Gebiet **The Crags** mit mehreren Tierreservaten. Wer sich dafür interessiert, sollte sich den sogenannten Hopper Pass zulegen, mit dem die drei Reservate Birds of Eden, Monkeyland und Jukani Wildlife Sanctuary zu einem vergünstigten Preis besucht werden können (640 Rand für Erwachsene, Kinder zahlen 340 Rand).

Sehenswertes

✕ROBBERG NATURE RESERVE

Das Naturschutzgebiet Robberg Island erstreckt sich auf einer Halbinsel unmittelbar an der Küste der südlichen Plettenberg-Bucht. Unzählige Wasservogelarten haben sich hier niedergelassen. Über mehrere Wanderwege, die eine Ausdauer von einer bis zu vier Stunden erfordern, lässt sich das zum Weltkulturerbe gehörende Gebiet erkunden. Das umgebende Küstengewässer ist ebenfalls Teil des Reservats und beheimatet neben Walen und Delfinen auch eine Kolonie von Pelzrobben, die sich vorzugsweise an der Küste tummeln. In der Nähe des Parkeingangs befindet sich die **Nelson Bay Cave** (auch Wagenaar's Cave genannt) sowie ein kleines Informationszentrum. Das Gebiet verfügt über eine außergewöhnlich lange Historie: Bereits in der Steinzeit vor 120 Mio. Jahren sollen hier Menschen gelebt haben. Im 17. Jh. strandete an der Küste außerdem ein portugiesisches Schiff, dessen Besatzung gezwungen war, fast ein Jahr lang hier auszuharren.

Greater Plettenberg Bay | tgl. 8–20/17 Uhr (Sommer/Winter) | 50 Rand, Kinder 20 Rand

Ein einzigartiges Refugium für seltene Vögel und Meeresbewohner bietet das Robberg Nature and Marine Reserve.

JUKANI WILDLIFE SANCTUARY

Das Wildreservat kümmert sich um das Wohl von befreiten Wildkatzen, die hier in einem großzügigen Areal leben. Auf ein- bis eineinhalbstündigen geführten **Mini-Safaris** bekommen Gäste die seltene Gelegenheit, die hier lebenden kleineren und größeren Raubkatzen aus Südafrika und anderen Ländern aus nächster Nähe zu beobachten sowie mehr über die teils stark bedrohten Arten zu erfahren. Neben Löwen, Leoparden, Geparden, Tigern, Hyänen und anderen Raubtieren sind auch einige Schlangenarten zu sehen.

The Crags, Plett Puzzle Park | www.jukani.co.za | tgl. 9–17 Uhr | 320 Rand, Kinder 160 Rand

ELEPHANT SANCTUARY

Das weitläufige Elefanten-Schutzgebiet hat sich dem Schutz und der Erhaltung der durch Wilderei stark bedrohten Afrikanischen Elefanten verschrieben. Mittlerweile leben hier zwölf ausgewachsene Dickhäuter mit ihren Jungtieren. Während einer geführten Tour mit **Hand-in-Rüssel-Spaziergang** erfah-

Das Naturschutzgebiet Robberg Island bei Plettenberg Bay (s. S. 188) besticht mit langen Sandstränden und riesigen Dünen, die zu langen Wanderungen einladen.

ren die Besucher viel über das Verhalten der grauen Riesen und kommen den Tieren ganz nah. Auch werden kleine Wandersafaris angeboten, bei denen vom Rücken der Elefanten auch die beeindruckende Landschaft der Outenique-Berge genossen werden kann. An heißen Tagen besteht sogar die Möglichkeit, die sensiblen Tiere beim Baden zu beobachten.

The Crags, Monkeyland Road | www.elephantsanctuary.co.za | tgl. 8–17 Uhr | Touren ab 670 Rand, Kinder ab 4 J. 330 Rand

BIRDS OF EDEN

Das größte Vogelhaus der Welt ist ein Paradies für (Hobby-) Ornithologen und Naturliebhaber. Über Laufstege werden Besucher bei lautem Gezwitscher durch einen dichten Dschungel mit Wasserfällen geführt, der bei Besuchern das Gefühl aufkommen lässt, sich inmitten der Tropen zu befinden. Auf einer Fläche von 23 000 m² gibt es in riesigen **Freiflug-Volieren** mehr als 3500 Vögel und 200 Arten zu beobachten – darunter allein 60 verschiedene Papageienarten.

The Crags | www.birdsofeden.co.za | tgl. 8–17 Uhr | 210 Rand, Kinder 105 Rand

MONKEYLAND PRIMATE SANCTUARY

Das Rehabilitationszentrum für Primaten ist das weltweit erste seiner Art, in dem sich die Affen frei bewegen können. Besucher werden auf einer einstündigen Erkundungstour durch ein 12 Hektar großes Urwaldgehege geführt, bei dem sich mehr als 500 Affen verschiedener Arten entdecken lassen. Mehr als die Hälfte von ihnen läuft frei herum und lebt in natürlicher Umgebung. Auch deutschsprachige Rundgänge.

The Crags, Monkeyland Road | www.monkeyland.co.za | tgl. 8–17 Uhr | 320 Rand, Kinder 160 Rand

NATURE'S VALLEY

Ein 20 km langer Traumstrand, daneben eine Lagune, unberührte Natur, umgeben von grünen Wäldern – Nature's Valley ist ein einzigartiges Naturparadies. Es liegt rund 33 km östlich von Plettenberg Bay an der **Lagune des Groot Rivers** und ist umgeben vom Tsitsikamma Forest. Nur eine kleine Feriensiedlung mit wenigen Häusern ist hier zu finden, ansonsten ist das Tal unbewohnt. Die hier lebenden Paviane stolzieren über die Straße, in den Bäumen verstecken sich Grüne Meerkatzen. Nature's Valley ist auch ein guter Ausgangspunkt für Erkundungen im angrenzenden Tsitsikamma National Park. Unterkünfte findet man in Hütten für zwei bis vier Personen, teils mit eigenem Bad oder auf dem Campingplatz (www.sanparks.org).

Übernachten

Empfehlenswert

HUNTER'S COUNTRY HOUSE

Das gehobene Country-Hotel befindet sich zwischen Plettenberg und Knysna in bezaubernder Lage. Jede Suite ist in einer eigenen kleinen reetgedeckten Hütte untergebracht und stilvoll im elegan-
ten Landhausstil eingerichtet. Die Gäste werden mit Annehmlichkeiten wie Portwein verwöhnt, der in stilvollen Karaffen auf den Zimmern genossen werden kann. Zu den einfachen Kategorien gehört eine Terrasse mit Zugang zum Garten, die gehobenen bieten sogar einen eigenen Pool. Das Abendessen wird je nach Menüwahl

Im Monkeyland Primate Sanctuary (s. S. 191) nehmen die rund 500 hier lebenden Affen ihre menschlichen Besucher genau unter die Lupe.

im eleganten Speisesaal oder einem legeren Bistro serviert. Das schmackhafte Frühstück mit englischen Spezialitäten wird im gemütlichen Wintergarten eingenommen.

Abseits der N 2, 10 km westl. von Plettenberg Bay | Tel. 0 44/5 32 78 18 | https://countryhouse. hunterhotels.com | 27 Suiten | €€€

Luxus über Baumkronen
TSALA TREETOP LODGE

Versteckt gelegen inmitten des Tsitsikamma-Waldes bietet diese außergewöhnliche Lodge ein Übernachtungserlebnis der besonderen Art: Die Luxushütten sind auf Stelzen gebaut und ragen über die Baumwipfel hinaus. Alle Gebäude sind in die natürliche Umgebung integriert und über Stege miteinander verbunden. Zu jeder der Suiten und Villen gehören ein Wohnzimmer mit ein oder zwei Schlafzimmern, ein Bad und ein eigener Pool. Der Ausblick von der Veranda, hoch über dem Waldboden, umgeben von üppigem Grün, ist atemberaubend.

Abseits der N 2, 10 km westl. von Plettenberg Bay | Tel. 0 44/5 32 82 28 | http://tsala.hunterhotels. com | 16 Suiten und Villen | €€€€

Essen und Trinken

Lokaler Hotspot
THE LOOKOUT DECK

Unmittelbar am Meer liegt das Lookout-Restaurant am gleichnamigen Strand mit

Strandblick von der Terrasse. Das Essen ist eher einfach, aber gut. Mittags und abends gibt es eine Auswahl an Fischgerichten, Salat, Burgern und anderen Fleischspezialitäten. Daneben warten Frühstück mit Egg Benedict oder gesunden Smoothies und Bowls. Am Abend geht es lebhaft zu, und in der Bar werden Cocktails gemixt. Das Restaurant ist ein beliebter Treffpunkt der Einheimischen.

Hill Street, Lookout Beach | Tel. 0 44/5 33 13 79 | www.lookout.co.za | €€

Lokale Zutaten
EMILY MOON

Wer das Restaurant des gleichnamigen Gästehauses betritt, taucht in eine andere Welt ein. Die kreativen Besitzer haben das gesamte Haus passend zur selbst erfundenen Geschichte einer fiktiven Abenteuerfigur entworfen. Ein Besuch des Restaurants bei Kerzenschein am Abend ist ein besonderes Erlebnis, für das sich die Fahrt zu dem etwas außerhalb gelegenen Anwesen lohnt. Die für die Gerichte verwendeten frischen Zutaten stammen zum Teil aus eigenem Anbau, der

Rest kommt von lokalen Bio-Bauern. Zum Haus gehören geräumige Suiten, außerdem das River House in Plettenberg, ein wunderbares Haus für Familien, das in idyllischer Lage direkt an einem Fluss liegt.

Rietvlei Road | Tel. 0 44/5 01 25 00 | www.emilymoon.co.za | €€

Selbst gefangener Fisch
RISTORANTE ENRICO

Das Restaurant des quirligen Italieners Enrico mit schöner Terrasse befindet sich ebenfalls direkt am Strand und macht seinem Slogan *any closer, you will get wet* (»Näher dran, und du wirst nass«) alle Ehre. Damit nur der beste und frischeste Fisch auf den Teller kommt, überlässt der Chef nichts dem Zufall und fährt täglich mit seinem Boot raus. Die Mühe lohnt sich, denn Enricos Seafood-Spezialitäten, zu denen fangfrische Garnelen, Muscheln und *kingclip* gehören, zählen zu den besten an der Garden Route. Außerdem gibt es italienische Pizza, Antipasti und Desserts aus Enricos Heimat.

296 Main Street, Keurboomstrand | Tel. 0 44/5 35 98 16 | www.enrico restaurant.co.za | €€

✗TSITSIKAMMA-NATIONALPARK E/F2

Der größte Teil des Tsitsikamma-Nationalparks erstreckt sich auf einem 200 m hohen Plateau vom Bloukrans River im Westen bis zum Tsitsikamma River im Osten. Im Norden wird er von den imposanten Tsitsikamma-Bergen begrenzt, im Süden endet das Areal des Parks mit dem Indischen Ozean. Der zum Garden Route National Park gehörende Tsitsikamma-Teil umfasst 640 km² sowie eine rund 100 km lange Küstenlinie. Sein Gebiet breitet sich vom ursprünglichen Urwald, der zu den letzten seiner Art in Südafrika zählt, mehr als 5 km weit in den Indischen Ozean aus. Bekannt ist der Park insbesondere für seine grandiosen Wälder, Schluchten, Wasserfälle und eine malerische Küstenlinie. Neben diversen Vogelspezies sind hier auch Paviane, kleinere Antilopenarten und andere Tiere heimisch. Am besten lässt sich die atemberaubende Natur bei einer Wanderung entdecken. Die berühmtesten Routen des Parks sind der fünftägige **Otter Trail** und der **Tsitsikamma Mountain Trail**. Für beide Strecken sind eine rechtzeitige Anmeldung und eine gute Kondition erforderlich. Daneben gibt es aber auch kürzere Strecken wie den **Kranshoek oder Perdekop Walk**. Der Name Tsitsikamma stammt aus der Khoi-Sprache und bedeutet so viel wie klares, sprudelndes Wasser.

www.sanparks.org/parks/garden_route | tgl. 7–18 Uhr | 248 Rand, Kinder 124 Rand

Aktivitäten

Hoch hinaus
CANOPY TOUR

Ein besonderes Erlebnis für Besucher, die nicht unter Höhenangst leiden, ist die Canopy-Tour. Hoch oben in den Bäumen, etwa 30 m über dem Erdboden, schwingt man sich über Stahlkabel auf Plattformen, die in riesigen Yellowwood-Bäumen installiert sind. Rund zwei bis drei Stunden dauert der ganze Spaß. Die Aussicht und der Nervenkitzel entschädigen für die Anstrengungen in schwindelerregender Höhe. Die Anlage wurde entsprechend den beliebten

Die Wanderungen entlang der malerischen Küstenlinie im Tsitsikamma-Nationalpark erfordern stellenweise ein wenig Abenteuerlust.

Canopy-Touren in Costa Rica gestaltet und ist die erste ihrer Art in Afrika.

101 Darnell Street, Stormsriver | www.stormsriver.com | 695 Rand

Adrenalin pur
SUSPENSION BRIDGE

Über diese wackelige, aber dennoch stabile Hängebrücke lässt sich der tosende Storm River überqueren. Wer den Weg gehen möchte, sollte allerdings nach Möglichkeit schwindelfrei sein und gutes Schuhwerk tragen. Die Brücke ist über einen kürzeren, recht einfachen Wanderweg (Wegdauer etwa eine Stunde hin und zurück) zu erreichen und durchaus auch für Kinder geeignet. In der Nähe legen außerdem Boote zu einer Fahrt in die Schlucht des Storm River ab. Wer besonders mutig ist, stürzt sich von der Bloukrans-Brücke mehr als 216 m in die Tiefe und kann danach behaupten, den höchsten Bungee-Sprung der Welt gewagt zu haben. All jene, die nicht selbst in die Tiefe springen wollen, sollten zumindest zuschauen – denn auch das ist ein besonderes Erlebnis.

Bloukrans Bungee | www.face adrenalin.com | tgl. 9–17 Uhr | Eintritt frei, Brückenüberquerung 200 Rand, Bungee 1400 Rand

Bei einer Safari einen Elefanten in freier Wild-
bahn erleben – diese Erfahrung steht für viele
Südafrika-Reisende ganz oben auf der Liste der
Urlaubs-Highlights.

TOUREN

TOUR
Auf der Suche nach den Big Seven im Addo Elephant Park

In der Kap-Region finden sich kleinere Game Reserves, die (vor allem bei kürzeren Aufenthalten) einen Besuch lohnen. Ein echtes »Out-of-Africa«-Feeling bieten jedoch größere Parks – wie der Addo Elephant Park.

Charakteristik: Beeindruckende Safari durch den drittgrößten Nationalpark des Landes (Faltkarte G1/2) **Dauer:** Tagestour oder mehrtägige Tour mit Übernachtung **Länge:** 80 km von Port Elizabeth, 260 km vom Tsitsikamma National Park **Einkehrtipp:** Cattle Baron Grill & Bistro, Main Camp Addo Elephant Park, Tel. 0 42/2 33 86 74 **Informationen:** www.sanparks.org/parks/addo, Eintritt 328 Rand, Kinder 164 Rand

Der Addo Elephant Park gehört nicht nur zu den größten Nationalparks Südafrikas, sondern ist zugleich der einzige, in dem nicht nur die Big Five, sondern sogar die sogenannten **Big Seven** beheimatet sind: Denn an der Küste der Agoa Bay tummeln sich neben vielen anderen Meeresbewohnern auch die beeindruckenden Südlichen Glattwale (in der Saison) und Weiße Haie. Die wahre Attraktion des Parks sind aber seine Elefantenpopulationen. Mehr als 600 Dickhäuter leben im Park.

SCHUTZ FÜR ELEFANTEN UND ANDERE ARTEN

Das ursprüngliche Gebiet des malariafreien Parks wurde 1931 zum Schutz der elf letzten hier lebenden Elefanten gegründet, die noch nicht den Elfenbeinjägern und Farmern zum Opfer gefallen waren. Heute erstreckt sich das mehrmals erweiterte riesige Gebiet vom halbtrockenen Gebiet der Karoo über die Zuurberg Mountains durch das Sunday-River-Tal bis zur Küste. Es bietet nicht nur den hier lebenden Elefanten und den anderen **Big Five** ein sicheres Rückzugsgebiet, sondern auch vielen

Riesige Sanddünen türmen sich am Flussufer des Sunday River auf und bilden einen markanten Kontrast zur Vegetation im Addo Elephant Park.

anderen Arten wie Zebras, Antilopen, Warzenschweinen und Hyänen. An der Küste wurden außerdem marine Schutzgebiete eingerichtet, die unter anderem eine Insel umfassen, auf der die zweitgrößte Population von **Afrikanischen Pinguinen** lebt. Neben der faszinierenden Tierwelt begeistert der Addo Elephant Park aber auch mit einer abwechslungsreichen Landschaft aus Fynbos, Wäldern, Halbwüsten, Dünen und Grasfluren.

ERKUNDUNGEN IM PARK

Mit dem Auto lassen sich die rund 120 km des Parks auf einer Selbstfahrer-Tagestour erkunden. Um etwas mehr Zeit zu haben und die besondere Atmosphäre in den Camps am Abend zu genießen, empfiehlt es sich aber, über Nacht zu bleiben. Im **Rest Camp** gibt es Unterkünfte verschiedener Kategorien. Um dem großen Andrang gerecht zu werden, gibt es inzwischen auch Übernachtungsmöglichkeiten vor den Toren des Parks. Empfehlenswert ist zum Beispiel das Gästehaus **De Old Drift Guest Farm** (www.deolddrift.co.za, €–€€), eine kleine Zitronenfarm mit sechs Zimmern und drei Selbstverpfleger-Cottages. Besonderen Luxus wie in früheren Zeiten bietet das **Gorah Elephant Camp** (www.gorah.hunterhotels.com, €€€€).

Eine geführte Safari durch die südafrikanische Savannenlandschaft ist auch für Kapstadt-Besucher problemlos durchführbar.

SÜDAFRIKAS NATIONALPARKS UND IHRE BEWOHNER

Auf den Spuren der Big Five

Die Big Five Afrikas sind das Highlight jeder Safari und machen *game drives* (Wildbeobachtungsfahrten) zu einem unvergesslichen Erlebnis. Schon früh am Morgen machen sich Safarigäste auf, um kreuz und quer durch die dichte Buschlandschaft zu fahren und die legendären Bewohner – **Elefanten, Löwen, Nashörner, Büffel und Leoparden** – aufzuspüren. Sind sie erst einmal entdeckt, werden zahllose Fotos geschossen. Ganz anders wurde dagegen noch im 19. und frühen 20. Jahrhundert geschossen, als sich Großwilderer daran versuchten, die »Großen Fünf« zu Fuß zu erlegen. Schon damals wurden die Tiere für ihre Stoßzähne, Hörner oder Felle gejagt, die als besondere Trophäe galten. Heute setzen sich Wildreservate, die staatlich oder privat betrieben werden, für den Schutz der Tiere ein.

Der größte Nationalpark Südafrikas ist der **Krüger-Nationalpark** im Norden des Landes, der vielfältige Möglichkeiten für Pirschfahrten bietet. Rund um Kapstadt gibt es jedoch auch einige kleinere *game reserves* (Wildschutzgebiete), in denen sich die Big Five beobachten lassen. Spektakuläre Begegnungen, vor allem mit Elefanten, bietet der **Addo Elephant Park** (→ S. 198) in der Nähe von Port Elizabeth, nördlich der Garden Route. Er ist der drittgrößte Park des Landes und für seine riesigen Elefantenherden bekannt. Für besondere Safarierlebnisse lohnt sich aber auch ein Besuch in einem größeren privaten *game reserve*, wie dem rund vier Stunden von Kapstadt entfernten **Gondwana Game Reserve** (→ S. 175) nahe Mossels Bay. Die Beobachtungsfahrten werden von einem erfahrenen Ranger in einem halb offenen Allradfahrzeug durchgeführt und bieten die besten Chancen zum Erspähen der in freier Natur lebenden Tiere. Was die privaten und staatlichen Parks eint, ist ihr Engagement für den Schutz der Natur und der hier vorkommenden Arten.

Trotz aller Schutzmaßnahmen sind die Big Five in ihren Beständen mittlerweile stark bedroht. Allen voran die schwergewichtigen Dickhäuter – **Elefanten und Nashörner**. Ihre Zahl ist in den letzten Jahren in ganz Afrika drastisch zurückgegangen. Während Anfang des 20. Jahrhunderts noch mehrere Millionen Elefanten den Kontinent bevölkerten, sollen es inzwischen nur noch 415 000 Tiere sein. Die meisten der grauen Riesen leben im südlichen Afrika. Bei den Nashörnern ist die Lage ebenfalls dramatisch: Weltweit gibt es nur noch einen Bestand von 25 000 Tieren, von denen rund 20 000 in Südafrika leben. Am stärksten verbreitet ist die Gruppe der Breitmaulnashörner *(black rhino)*. Die seltener vorkommenden Spitzmaulnashörner, von denen nur noch rund 5000 Exemplare existieren sollen, sind bereits vom Aussterben bedroht. Allein in Südafrika werden jedes Jahr rund 1000 Nashörner wegen ihres Horns getötet, das auf dem Schwarzmarkt zu hohen Preisen verkauft wird. Um dem massiven **Problem mit der Wilderei** zu begegnen, wurden in den Nationalparks bereits kostspielige Maßnahmen zum Schutz der Tiere ergriffen. So werden die verbliebenen Nashörner teilweise mit einer eigens eingerichteten 24-Stunden-Security bewacht.

TOUR
Genießertour in die Weinstadt Robertson

Das nordöstlich von Kapstadt gelegene Robertson zählt zu den wichtigsten Weinanbaugebieten Südafrikas. Eine Tour dorthin bietet interessante Einblicke in das Landesinnere, wo auch eine der längsten Weinstraßen der Welt beginnt.

Charakteristik: Selbstfahrertour in das ländlichere Weinanbaugebiet mit kulinarischem Fokus **Dauer:** Tagestour **Länge:** 160 km von Kapstadt **Einkehrtipp:** Babylonstoren, Simondium, Klapmuts Simondium Road, Tel. 0 21/8 63 38 52

Ergänzend zu den traditionellen Weinanbaugebieten rund um Constantia, Stellenbosch und Franschhoek bietet auch das Robertson Vine Valley eine Ansammlung von Weingütern, die einige der besten Tropfen des Landes hervorbringen. Neben erstklassigen Weißweinen und Rotweinen hat in dieser Gegend auch der Schaumwein Cap Classique seinen Ursprung.

BABYLONSTOREN B2
Auf dem Weg von Kapstadt nach Robertson ist über einen kleinen Abstecher das Weingut Babylonstoren (http://baby lonstoren.com) zu erreichen. Die weitläufige kapholländische Farm aus dem 18. Jh. gehört zu den ältesten und schönsten des Landes und ist für ihren Bio-Anbau bekannt. Das hauseigene Restaurant Babel serviert hervorragende Gerichte mit Produkten aus eigenem Anbau, die nach Farbgruppen ausgewählt werden (unbedingt vorab reservieren). Im wunderschönen Garten werden außerdem kleinere Gerichte angeboten.

WORCESTER B2
An drei Seiten von Bergketten umgeben, grenzt Worcester im Osten an das **Robertson Vine Valley**, das größte Weinanbaugebiet des Landes. Die 50 km vor Robertson gelegene Stadt ist selbst jedoch vor allem für Brandys bekannt. Neben Brandy-

Im »Tal der der Reben und Rosen« leben viele Saisonarbeiter vom Weinbau – sie wohnen in einfachen Hütten außerhalb von Robertson.

fabriken bestimmen Weinabfüllanlagen und Obstmärkte das Bild der Stadt, die als wirtschaftliches Zentrum des Breede Valley fungiert. Besonders schön ist die Gegend im Frühling, wenn sie sich in ein farbenfrohes Blütenmeer verwandelt.

ROBERTSON C2

Die Stadt ist idyllisch am Fuß des Langenbergs im Tal des Breede Rivers gelegen und wird auch »das Tal der Reben und Rosen« genannt. Ihre kalkreichen Böden bieten eine ideale Grundlage für den Weinbau. Seit vielen Jahren ist das Robertson Vine Valley bekannt für seine hochwertigen Weißweine, insbesondere Chardonnays. In dem sehr warmen, trockenen Klima gedeihen aber auch einige der besten Rotweine der Kap-Region, darunter Shiraz und Cabernet Sauvignon. Seine eigentliche Bekanntheit hat Robertson allerdings durch seine feinen Dessertweine erlangt. Mehr als 50 Weingüter zählen zu Robertsons Weinstraße, dazu auch das familiengeführte **Springfield Estate**. Zudem ist hier einer der bekanntesten Schaumweinhersteller des Landes ansässig: **Graham Beck**. Mit seinem berühmten Cap Classique haben bereits Nelson Mandela und Barack Obama auf ihre Präsidentschaftswahl angestoßen.

TOUR
Walsichtung in Hermanus und De Kelders

Ein schöner Tagesausflug, vor allem in den Wintermonaten, ist die landschaftlich abwechslungsreiche Fahrt von Kapstadt über Hermanus nach De Kelders. In den umliegenden Buchten tummeln sich während der Saison Wale, die vom Ufer aus beobachtet werden können.

Charakteristik: Der Tagesausflug folgt den Spuren der Südlichen Glattwale, die sich zwischen Juni und Dezember in den Buchten der Walker Bay aufhalten **Dauer:** Tagestour **Länge:** 120 km von Kapstadt bis Hermanus, weitere 40 km bis De Kelders/Gansbaai **Einkehrtipp:** Thyme at Rosemarys Restaurant, 13 Main Road, Gansbaai, Tel. 0 72/8 84 49 36

VON DER FALSE BAY BIS KLEINMOND B3

Von Somerset West führt die R 44 zur Hafenstadt **Gordon's Bay** und dann weiter über eine kurvenreiche Panoramastraße an der Küste der **False Bay** vorbei. Hier bieten sich malerische Aussichten auf das tiefblaue Meer, die Kap-Halbinsel und die Bergkette der Hottentots Holland Mountains. Danach folgt der kleine Ferienort **Betty's Bay**, in dem eine Pinguinkolonie lebt. Außerdem befinden sich hier die Harold Porter Botanical Gardens. Nach dem Küstenort **Pringle Bay** erscheint der mächtige **Hangklip** (hängender Felsen) mit seinem Leuchtturm. Sein früherer Name Cabo Falso (falsches Kap) geht darauf zurück, dass ihn von Osten kommende Seefahrer einst mit dem Kap der Guten Hoffnung verwechselten. Das bei Kleinmond gelegene **Kogelberg Biosphere Reserve** gilt als das Herz des Cape Floral Kingdom und begeistert mit unberührter Natur.

HERMANUS B3

Der Küstenort gilt als Welthauptstadt der **Walbeobachtung**. Während der Saison tummeln sich Hunderte von Südlichen Glatt- und Buckelwalen in der Walker Bay und zeigen sich den

Wal in Sicht? An der Küste von Hermanus sind die Blicke der »Whale-Spotter« stets auf den rauen Atlantik gerichtet.

begeisterten Beobachtern aus nächster Nähe. Die majestätischen Tiere kommen hierher, um sich zu paaren und ihre Kälber zu gebären. Sie lassen sich sowohl vom Land als auch vom Boot aus (Buchungen über lokale Anbieter) hervorragend betrachten. In der Hochsaison ist sogar ein Walschreier im Einsatz, der die vorbeiziehenden Tiere ankündigt.

DE KELDERS UND GANSBAAI B3

Etwas beschaulicher als im belebten Hermanus geht es im kleineren Küstenort De Kelders zu. Von schönen Plätzen an den Klippen lassen sich hier ganz ungestört die Meeressäuger ins Visier nehmen. Wer über Nacht bleiben möchte, sollte sich im Gästehaus **Whale Song Lodge** einquartieren (83 Cliff Street, Tel. 0 28/3 84 18 65, www.whalesonglodge.co.za). In bester Lage lassen sich in dieser idyllischen Unterkunft die sanften Riesen sogar vom Bett aus bestaunen.

Der kleine Ort Gansbaai südlich von De Kelders zieht Abenteurer aus aller Welt an, die auf eine **Begegnung mit dem Weißen Hai** aus sind. In einem sicheren Käfig lassen sich die bis zu 6 m langen Könige der Meere unter Wasser betrachten – dabei ist der Nervenkitzel garantiert!

WISSENSWERTES

Die berühmten bunten Strandhütten am Muizenberg Beach (s. S. 127) dienen als Umkleidekabinen. Wer sie nutzen möchte, muss allerdings lange im Voraus reservieren.

SERVICE

Anreise und Ankunft
Mit der Bahn
Das südafrikanische Eisenbahnstreckennetz ist im Vergleich zu den europäischen Ländern eher schlecht ausgebaut, es gibt jedoch einige Verbindungen aus den größeren Städten im Norden und an der Ostküste, von denen Kapstadt mit der Bahn erreicht werden kann.

Mit dem Flugzeug
Mehrere Fluggesellschaften bieten im Regelfall Direktflüge von Deutschland nach Kapstadt an. Von Johannesburg verkehren dann auch regelmäßige Anschlussflüge bis nach Kapstadt.

Vom Flughafen in die Innenstadt
Der Cape Town International Airport (CPT) liegt ca. 23 km östlich der Mother City. Die Hauptverkehrsader National Route 2 führt von hier aus in rund 20 Minuten ins Stadtzentrum. Am Flughafen gibt es ein gutes Angebot an zuverlässigen Taxis und Shuttlebusdiensten.

Auskunft
In Deutschland, Österreich und der Schweiz
– **South African Tourism:** www.southafricantourism.de
– **Botschaft der Republik Südafrika:** www.suedafrika-botschaft.at und www.southafrica.ch

In Kapstadt
– **City Centre Tourism Bureau:** www.tourismcapetown.co.za

Buchtipps
Coetzee, John Maxwell: Schande (Fischer, 2001). Für seinen packenden Roman hat der international bekannte Schriftsteller den renommierten Booker Prize erhalten.

Mandela, Nelson: Der lange Weg zur Freiheit (Fischer, 1997). Dieses Buch ist nicht weniger als eine der wichtigsten Autobiografien des vergangenen Jahrhunderts, die das bewegte Leben *Madibas* Revue passieren lässt.

Meyer, Deon: Beute (Rütten & Loening, 2020). Dieser packende Thriller des erfolgreichsten südafrikanischen Krimiautors handelt vom Mord an einem Polizisten in einem Luxuszug.

Platter, John: South African Wine Guide (John Platter, 2020). Der perfekte Begleiter für Weinfans – hier werden die schönsten Weingüter des Landes mit ihren Weinspezialitäten vorgestellt.

Diplomatische Vertretungen
Generalkonsulat der Bundesrepublik Deutschland

Kapstadt 8000 | Roeland Park, 4 Stirling Street | Tel. 021/405 30 00 | www.kapstadt.diplo.de

Honorargeneralkonsulat der Republik Österreich

Kapstadt 8005 | Protea Hotel Sea Point, Arthur's Road, Sea Point | Tel. 021/430 51 33 | austrian consulcpt@gmail.com

Schweizer Generalkonsulat

Kapstadt 8000 | 1 Thibault Square | Tel. 021/418 36 65 | vertretung@cap.rep.admin.ch

Feiertage
1. Jan. New Year's Day (Neujahr)

21. März Human Rights Day (Tag der Menschenrechte)
März/April Karfreitag/Ostermontag
26. April Freedom Day (Freiheitstag)
1. Mai Worker's Day (Tag der Arbeit)
16. Juni Youth Day (Tag der Jugend)
9. Aug. National Women's Day (Nationaler Frauentag)
24. Sept. Heritage Day (Kulturtag)
16. Dez. Day of Reconciliation (Tag der Versöhnung)
25. Dez. Christmas Day (Weihnachten)
26. Dez. Day of Goodwill (2. Weihnachtsfeiertag)

Geld
Die südafrikanische Währung ist der Rand (ZAR). 1 Rand ist unterteilt in 100 Cent.

10 ZAR   0,49 €/0,52 SFr
1 €   20,44 ZAR
1 SFr   19,40 ZAR

URLAUBSKASSE	
1 Tasse Kaffee	0,85 €
1 Bier	1,50 €
1 Glas Cola	1,50 €
1 Brot	0,57 €
1 Schachtel Zigaretten	1,65 €
1 Taxifahrt (pro km)	0,70 €
1 Liter Benzin	1,00 €
Mietwagen/Tag	ab 25,00 €

Kleidung

In den sonnigeren Monaten ist es tagsüber sehr heiß, dennoch kühlt es in den Abendstunden ab, sodass man neben Sommerkleidung auch wärmere Kleidung einpacken sollte. Dass man in Kapstadt mit zu freizügiger Kleidung Traditionen verletzt, ist unwahrscheinlich, jedoch ist das Sonnenbaden am Strand »oben ohne« nicht gestattet. Auf Safaris sollte die Kleidung genügend Schutz gegen die Sonne bieten.

Links und Apps
www.kapstadt.de
Hilfreicher Online-Reiseführer mit zahlreichen Informationen zu Unterkünften, Lifestyle, Events.

www.capetown.travel
Die offizielle Seite des Fremdenverkehrsamts von Kapstadt mit Buchungsmöglichkeiten für Hotels und vielen allgemeinen Informationen.

www.kapstadt-forum.de
Informationen und reger Austausch über Kapstadt.

Cape Times
Lokale Zeitung als App.

Cape Town Map and Walks
Stadtkarten-App mit zahlreichen Restaurants und Sehenswürdigkeiten in der Region.

Cape Town Accommodation
Informative App für Übernachtungen und Events.

Medizinische Versorgung
Krankenversicherung
Die europäische Krankenversicherungskarte wird in Südafrika nicht akzeptiert. Besucher müssen für eventuell anfallende Behandlungskosten selbst aufkommen. Daher ist es in jedem Fall empfehlenswert, vor Reiseantritt eine gesonderte Auslandskrankenversicherung abzuschließen, auch wenn manche privaten Kassen das Auslandsrisiko abdecken. Der Standard der medizinischen Versorgung ist in Kapstadt recht hoch, außerhalb des Stadtgebiets jedoch nicht immer gut. Private Kliniken sind immer den staatlichen vorzuziehen.

Impfungen
Bei der Einreise aus einem von der Weltgesundheitsorganisation (WHO) als Gelbfieberendemiegebiet deklarierten Land (oder aber bei

einem mehr als zwölfstündigen Transit durch ein solches Land) wird der Nachweis einer gültigen Gelbfieberimpfung verlangt.

Mehrwertsteuer

Bei einem Einkauf im Wert von über 250 Rand kann man sich die Mehrwertsteuer von 14 % erstatten lassen. Beim Kauf kann eine *Tax Invoice* verlangt und diese am Flughafen oder im Büro von Waterfront Tourism in Kapstadt vorgelegt werden.

Notruf

Allgemein: Tel. 1 01 77
Polizei: Tel. 1 01 11
Notarzt/Krankenwagen:
Tel. 11 01 77
Feuerwehr: Tel. 5 35 11 00

Post

Die Post in Südafrika verlangt für Luftpost-Postkarten nach Übersee 3,65 Rand und für Standardbriefe 4,25 Rand. Briefmarken gibt es in den Postämtern sowie in Souvenirshops oder bei weiteren Händlern. Postämter sind meist Mo bis Fr von 8.30 bis 16.30 (in kleineren Städten mit Mittagspause) und Sa von 8 bis 12 Uhr geöffnet. Die Briefkästen sind oft säulenförmig und rot. Der Postweg per Luftfracht nach Europa nimmt etwa eine Woche in Anspruch.

Reisedokumente/Einreise

Die Einreise ist für deutsche, österreichische oder Schweizer Staatsangehörige mit Reisepass, vorläufigem Reisepass und Kinderreisepass möglich. Reisedokumente müssen mindestens 30 Tage über die Reise hinaus gültig sein und bei Ausreise über mindestens zwei freie Seiten für Visastempel verfügen. Kindereinträge im Reisepass eines Elternteils sind nicht mehr gültig. Jedes Kind benötigt jetzt ein eigenes Ausweisdokument. Für touristische, Besuchs- oder Geschäftsreisen nach Südafrika ist für deutsche, österreichische oder Schweizer Staatsangehörige zurzeit kein Visum vorgeschrieben. Gegen Vorlage eines am Einreisetag noch ausreichend gültigen Reisepasses und eines gültigen Rückflugtickets wird bei der Einreise in aller Regel eine Besuchsgenehmigung für den Zeitraum der geplanten Reise (für maximal 90 Tage) erteilt.

Reiseknigge

Kleidung: Kapstadt ist eine tolerante Stadt, der Lebensstil der *Capetonians* ist durchaus als *laid back* zu bezeichnen, die Kleidung kann dementsprechend leger ausfallen. Nur in besonders gehobenen Restaurants ist ein eleganteres Jackett oder eine lange Hose angesagt.

Essen gehen: In Restaurants sollten Gäste warten, bis sie vom Kellner zu einem freien Tisch geführt werden. Bei gutem Service sind 10 % Trinkgeld empfehlenswert.

Fotografieren: Abgesehen von Gefängnissen, Militäranlagen und Polizeistationen darf alles fotografiert werden. Personen, vor allem die ländliche Bevölkerung, sollten aber vor einem Schnappschuss gefragt werden.

Reisezeit

Wegen seiner milden, ausgeglichenen Wetterverhältnisse ist Südafrika ganzjährig für einen Urlaub geeignet. Durch die Lage auf der Südhalbkugel sind die Jahreszeiten gegenüber Europa vertauscht. Für einen Besuch der Kap-Region sind die Monate September bis Mai bestens geeignet. In Kapstadt kann es hin und wieder sehr windig sein, und die Sonne ist gerade in den Hochsommermonaten Januar und Februar intensiv. Die Temperaturen können in dieser Jahreszeit tagsüber bis zu 35 °C erreichen. Abends kann es vor allem im Zeitraum von Mai/Juni bis August/September auch ein wenig abkühlen.

Sicherheit

Kapstadt gilt als eine der sichersten Städte Afrikas, trotzdem sollte man sich seiner Umgebung stets bewusst sein und beispielsweise unbekannte Stadtteile in der Dunkelheit meiden. Das Mitführen von **Wertsachen** sollte eingeschränkt werden, da die Armut in vielen Gegenden groß ist. Fast immer ist die Zahlung mit EC- und Kreditkarte möglich, sodass wenig Bargeld benötigt wird. Es gibt vereinzelt auch Bettler, die sich aber verhältnismäßig unaufdringlich verhalten.

Frauen sollten es vermeiden, sich in unbekannten und einsamen Gegenden zu bewegen. **Townships** sollten nur in Begleitung von Führern betreten werden.

Im Notfall können Sie die **Police Tourist Assistance Unit** unter der Telefonnummer 41 82 53 oder 1 01 11 anrufen (7.30–23 Uhr). Haben Sie auch keine Bedenken, Ihre Reiseagentur, Ihren Gastgeber oder Ihr Hotel anzurufen und um Hilfe zu bitten.

Strom

Eine zuverlässige Stromversorgung ist weiterhin nicht in allen ländlichen Gegenden vorhanden. Mitunter kann es sogar in Großstädten wie Kapstadt zu kurzzeitigen, aber seltenen Stromausfällen kommen. Da die Steckdosenform von der mitteleuropäischen abweicht, ist ein Adapter notwendig. Die Stromspannung beträgt 220/230 Volt mit Wechselstrom und 50 Hertz.

Telefon

Vorwahlen

D, A, CH ▶ Südafrika 00 27
D, A, CH ▶ Kapstadt 00 27 21
Südafrika ▶ D 00 49
Südafrika ▶ A 00 43
Südafrika ▶ CH 00 41

Trinkwasser

Das Wasser aus der Leitung kann bedenkenlos in ganz Kapstadt getrunken werden.

Verkehr

Auto

Das Straßennetz in Südafrika ist gut ausgebaut, speziell in und um Kapstadt. Alle wichtigen Verbindungen auch zu den Sehenswürdigkeiten außerhalb der Stadt sind asphaltiert. Südafrika hat **Linksverkehr**, also wird im Auto rechts gelenkt. Daher ist ein Leihwagen mit Automatikgetriebe empfehlenswert. Generell besteht Anschnallpflicht sowie eine **0,5-Promille-Grenze**. Bei Übertretungen muss mit saftigen Strafen gerechnet werden. In der Stadt gibt es keine Parkuhren, dafür **Parkwächter** in gelben Westen, die Parktickets verkaufen. In den ländlichen Gebieten, in Nationalparks und auf allen Strecken außerhalb von Städten und Autobahnen können Menschen oder Tiere die Straße kreuzen. Abgeraten wird von Fahrten in der Dunkelheit, sowohl innerhalb als auch außerhalb der Städte. Sinnvoll bei längeren Touren ist eine gute Landkarte oder ein Navigationssystem.

Mietwagen

Mietwagen gibt es am Cape Town International Airport

und in der Innenstadt. Es gilt der eigene nationale Führerschein, noch besser ist jedoch ein internationaler Führerschein.

Öffentliche Verkehrsmittel
Kapstadt verfügt über ein gutes Busnetz. Neben den offiziellen **MyCiTi-Bussen** der Stadt verkehren die abenteuerlichen **Minibus-Taxis**, die keine festen Haltestellen nutzen, sondern auf der Straße nach Bedarf angehalten werden können. Der Hauptbahnhof befindet sich zentral in der Adderley Street. Von dort gelangt man mit den unterschiedlichen **Metro Trains** in die Vororte der Stadt. Diese Züge sollten in der Dunkelheit gemieden werden. Überregional verkehren verschiedene Anbieter, mit denen man in andere Großstädte des Landes reisen kann.

Taxi
In Kapstadt gibt es zahlreiche Taxi-Unternehmen, die sich nicht unbedingt in ihrer Farbe unterscheiden, es sind auch nicht alle Autos durch ein Schild auf dem Dach zu erkennen. Daher ist es sinnvoll, Taxis per Telefon oder an einem Taxistand zu buchen. Außerdem können über die App Uber Fahrdienste gebucht werden.

Zeitungen und Zeitschriften
Die beiden bekanntesten Lokalzeitungen Kapstadts sind die »Cape Times« sowie »Cape Argus«. Beide gehören dem gleichen Verlag an und veröffentlichen jeweils zu unterschiedlichen Tageszeiten. Deutschsprachige und internationale Tageszeitungen sind in wenigen ausgewählten Geschäften mit einem Tag oder mehr Verspätung erhältlich. Monatlich ist das deutschsprachige »Echo-Magazin« mit aktuellen Themen um Kapstadt und Südafrika zu erwerben.

Zeitverschiebung
Die Zeitverschiebung zwischen Mitteleuropa und Südafrika beträgt zur mitteleuropäischen Winterzeit plus eine Stunde. Zur mitteleuropäischen Sommerzeit gibt es keine Zeitverschiebung.

Zoll
www.zoll.de
www.bmf.gv.at/zoll
www.zoll.ch

1488

Der portugiesische Seefahrer **Bartolomeu Dias** soll als Erster das legendäre Kap der Guten Hoffnung umfahren haben.

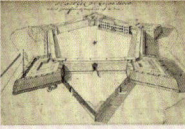

1666

Das **Castle of Good Hope** wird als Verteidigung zum Schutz vor den vertriebenen Einheimischen gebaut. → S. 65

Die ersten **portugiesischen Siedler** landen mit ihren Handelsschiffen in der Tafelbucht und liefern sich eine Schlacht mit der indigenen Bevölkerung Afrikas.

Der Niederländer Jan van Riebeeck baut eine **Versorgungsstation** für die Vereenigde Oostindische Compagnie (VOC) auf. Gleichzeitig erreicht eine erste große Gruppe Sklaven Kapstadt.

1510

1652

1793

Die **erste Bank** eröffnet in Kapstadt, ein paar Jahre später das erste Postamt.

1814

Mit dem **Londoner Vertrag** wird die Kap-Region als britische Kronkolonie anerkannt.

1824

Die **erste unabhängige Zeitung**, »The South African Commercial Advertiser«, wird veröffentlicht.

Nach der 150-jährigen Herrschaft der Niederländer kommt es zur **Schlacht mit den Briten am Bloubergstrand**. Die Briten erkämpfen den Sieg und erklären die Region später zur britischen Kolonie.

1806

1852

Die Buren gründen die **Republik Transvaal** (ursprünglich Zuid Afrikaanse Republiek) sowie zwei Jahre später die heutige **Republik Free State**, die damals noch Oranje-Freistaat hieß.

1867

Der multikulturelle **District Six** entwickelt sich als sechster Stadtteil Kapstadts. Ethnische Minderheiten, freigelassene Sklaven und Immigranten lassen sich hier nieder. → S. 67

Knapp 14 000 **Buren** ziehen beim »Großen Treck« aus der Kap-Kolonie aus und liefern sich u. a. harte Kämpfe mit den Zulu am Blood River, bei denen mehr als 3000 Menschen sterben.

1835

In der Kap-Provinz werden nahe dem Oranje-Fluss erstmalig **Diamanten** gefunden, die einen »Goldrausch« auslösen. Bis heute werden die Edelsteine abgebaut.

1869

1899

Zwischen den Engländern und den Buren bricht der **Zweite Burenkrieg** aus, der mit einem Sieg der Briten und der Eingliederung der Burenrepubliken in das britische Reich beendet wird.

1929

Die erste **Seilbahn** auf den Tafelberg wird in Betrieb genommen. Bis heute ist die spektakuläre Fahrt eine der größten Touristenattraktionen der Stadt. → S. 70

Die **Union of South Africa** wird durch die vier britischen Kolonialgebiete Kapkolonie, Natal, Transvaal und Oranjefluss-Kolonie gegründet. Kapstadt wird Parlamentssitz.

1910

Trotz weltweiter Proteste beginnt die **Hochphase der Apartheid**. Die schwarze Bevölkerung wird systematisch in ihren Rechten eingeschränkt und in möglichst weit vom Zentrum entfernte Stadtteile vertrieben. → S. 20

1940

1960

Im ganzen Land und vor allem in den Townships kommt es zu **Unruhen und Protest-aktionen**, bei denen mehrere Menschen ums Leben kommen oder verhaftet werden.

1990

Nach 27 Jahren wird Mandela aus seiner Haft entlassen und hält seine berühmte **Rede auf dem Balkon des Rathauses** in Kapstadt.

Südafrika beschließt den **Austritt aus dem Commonwealth** und trennt sich vom britischen Einfluss. Neue Gesetze erleichtern die wahllose Unterdrückung der schwarzen Bevölkerung.

1961

Nelson Mandela, Mitgründer der Protest-partei African National Congress (ANC), wird gemeinsam mit seinen Mitstreitern wegen angeblicher Sabotage und Planung bewaffneten Widerstands zu einer lebens-langen **Haftstrafe** verurteilt. → S. 19

1964

1994

Mandela wird einstimmig zum
ersten schwarzen Präsidenten des
Landes gewählt. Außerdem erhält
die Republik ihre neue und bis heute
geltende Nationalflagge.

2006

Bei Kapstadts Kommunalwahlen wird der
mit Korruptionsvorwürfen belastete African
National Congress (ANC) erstmals abge-
wählt. **Helen Zille** von der Demokratischen
Allianz (DA) wird neue Bürgermeisterin von
Kapstadt.

Die **Rugby-Weltmeisterschaft** findet
u. a. in Kapstadt statt. Südafrika wird
Weltmeister und Nelson Mandela gewinnt
die Unterstützung der schwarzen Bevölkerung für diesen Sport, der bis dahin als
Sport der Weißen galt. → S. 52

1995

Die **Fußball-Weltmeisterschaft**
findet in Südafrika statt. Kapstadt
ist einer der Austragungsorte.
Das Turnier ist ein voller Erfolg
und das erste seiner Art auf afrikanischem Boden.

2010

2013

Nationalheld **Nelson Mandela stirbt** im Alter von 95 Jahren. Das ganze Land trauert um seinen »Vater«.

2019

Südafrika wird **erneut Rugby-Weltmeister** und von Siya Kolisi als erstem schwarzen Kapitän Südafrikas angeführt.

Die **Proteste gegen Staatschef Jacob Zuma** (ANC) wegen Korruption mehren sich und werden auch in Kapstadt immer lauter.

Präsident Zuma tritt nach einem Misstrauensvotum zurück. **Cyril Ramaphosa** wird neuer Präsident Südafrikas.

2017

2018

BILDNACHWEIS

Titelbild (Bunte Häuser im Bo-Kaap District), HUBER IMAGES: Andrea Armellin
AWL Images: Danita Delimont 100, Ian Trower 169, 190, 205, Michele Falzone 153 | gemeinfrei 216, 217, 218 | Getty Images:
500px Plus/Daniel O'Brien 161, Chris Minihane 51, EyeEm/Michelle Koegelenberg 154, EyeEm/Yann Lamoureux 206/207,
ferrantraite 135, Gallo Images/David Malan 41, Gallo Images/Max Paddler 144, Hannah Mentz 26, kupicoo 44, Lonely Planet/
Ariadne Van Zandbergen 189, Lonely Planet/Peter Unger 173, marc shoul 112, Merten Snijders 147, Michael Blann 86,
Mlenny 118, Peter Unger 103, 115, 183, Shaun Lombard 129, Soltan Frédéric 17, Vittorio Ricci 142, wilpunt 179 | HUBER
IMAGES: Richard Taylor 62, 196/197 | laif: Gerald Haenel 125, Gregor Lengler 71, hemis.fr/Franck Guiziou 66, 121, hemis/
FRANCES Vincent 148 | LOOK-foto: Dietmar Denger 99 | mauritius images: Alamy/Ben Beyers 31, Alamy/Childa Santrucek
203, Alamy/frans lemmens 171, Alamy/Gillian Moore 93, Alamy/Greg Balfour Evans 166, Alamy/Hufton+Crow-VIEW 88,
Alamy/Jeffrey Isaac Greenberg 8 18, Alamy/Jonathan Dale 96, Alamy/P Tomlins 224, Alamy/roger tillberg 32, Alamy/
Rohit Madan 29, Alamy/Ulrich Doering Klappe hinten, Minden Pictures 23 | plainpicture: DEEPOL/Christian Vorhofer 9,
DEEPOL/Daniel Waschnig Photography 54/55, DEEPOL/Marc Volk 130, DEEPOL/Sara Danielsson 13, DEEPOL/Zero
Creatives 37, Millennium/Paul Abbitt 3, Saskia Uppenkamp 49 | Sandra Vartan 5 | seasons.agency: Jalag/Maria Schiffer 195 |
shutterstock.com: 22August 138, Alexey Stiop 184, Alex Marais 11, Anna Om 177, ArTono 77, Bruce Stanfield 20, Burhan
Ay Photography 157, Claude Huot 220, Danie Nel Photography 52 und 222, Delpixel 111, francesco de marco 174, Gimas 133,
Grobler du Preez 61, Helena Sousa 219, HiltonT 35, Juergen Hoffmann 108, Louie Schoeman 192, Magdalena Paluchowska
162, Marauder Media 56/57, Mary Doggett 122, MrNovel 69, Neil Bradfield 126, Photo Africa 42, Quality Master 25, 151, 165,
Robin Runck 199, Sergey Uryadnikov 6/7, Susan Schmitz 200, Vanessa Bentley 85, Watch The World 141 | The Two Oceans
Aquarium/Maryke Musson 82

Liebe Leserin, lieber Leser,

wir freuen uns, dass Sie sich für diesen MERIAN Reiseführer entschieden haben.
Unsere Autoren und Autorinnen sind für Sie unterwegs und recherchieren sehr gründ-
lich, damit Sie mit aktuellen und zuverlässigen Informationen auf Reisen gehen können.
Dennoch lassen sich Fehler nie ganz ausschließen, zumal zum Zeitpunkt der Druck-
legung die Auswirkungen von Covid-19 auf das Hotel- und Gastgewerbe vor Ort noch
nicht vollständig abzusehen waren. Wir bitten um Verständnis dafür, dass der Verlag
keine Haftung übernehmen kann.

Ihre Meinung ist uns wichtig. Bitte schreiben Sie uns:
GRÄFE UND UNZER VERLAG
Postfach 86 03 66, 81630 München, www.merian.de

Leserservice
merian@graefe-und-unzer.de

PEFC/18-31-506

© 2021 GRÄFE UND UNZER VERLAG
GmbH, München
MERIAN ist eine eingetragene Marke der
GANSKE VERLAGSGRUPPE.

1. Auflage 2021

**Bei Interesse an maßgeschneiderten
B2B-Editionen:**
roswitha.riedel@graefe-und-unzer.de
Bei Interesse an Anzeigen:
KV Kommunalverlag GmbH & Co. KG
Tel. 0 89/9 28 09 60
info@kommunal-verlag.de

Verlagsleitung Reise: Philip Laubach
Verlagsredaktion: Stella Schossow
Autorin: Sandra Vartan
Redaktion: Oliver Kiesow
Bildredaktion: Nora Goth
Schlussredaktion: Jessika Zollickhofer
Reihengestaltung: Independent Medien
Design, Horst Moser, München
Karten: Huber Kartographie GmbH
für Gräfe und Unzer Verlag GmbH
Satz: Anja Linda Dicke
Herstellung: Renate Hutt
Druck und Bindung:
Printer Trento, Italien

GRÄFE
UND
UNZER

Ein Unternehmen der
GANSKE VERLAGSGRUPPE

KAPSTADT EN DETAIL

Am Nobel Square an der V&A Waterfront befinden sich die Bronzestatuen der vier **Friedensnobelpreisträger** des Landes: Albert John Luthuli, Desmond Tutu, Frederik Willem de Klerk und Nelson Mandela. Etwas versteckt, im Boden vor den Figuren, sind Zitate eingraviert, darunter das folgende Mandelas: »Never, never and never again shall it be that this beautiful land will experience the oppression of one by another«. Mandela spricht sich damit gegen die jahrelange Unterdrückung der schwarzen Bevölkerung durch das Apartheidsregime aus. Mit seiner dreimaligen Betonung unterstrich er, dass es niemals wieder eine solche Unterdrückung in seinem Land geben dürfe. Das Zitat stammt aus seiner berühmten Rede, die er zu seiner Amtseinführung als südafrikanischer Präsident am 10. Mai 1994 in Pretoria gehalten hat.

Kapstadt
und Umgebung

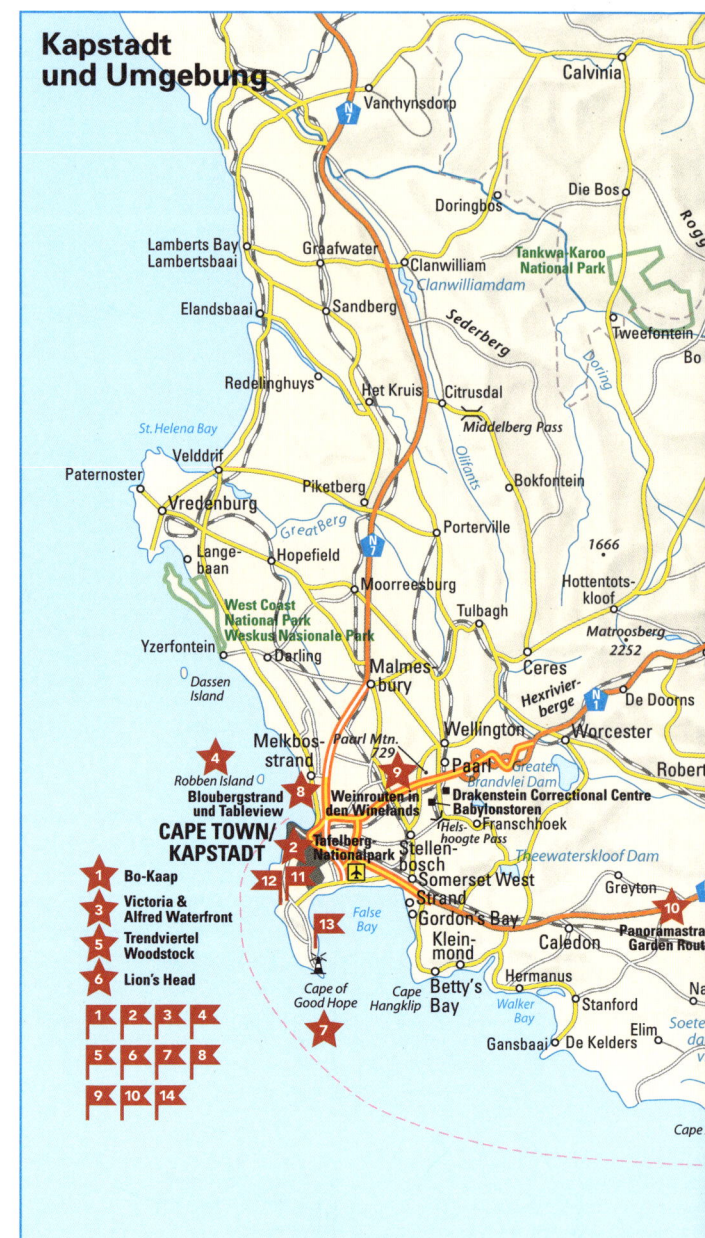

Calvinia

Vanrhynsdorp

Doringbos

Die Bos

Tankwa-Karoo
National Park

Lamberts Bay
Lambertsbaai

Graafwater

Clanwilliam

Clanwilliamdam

Sederberg

Tweefontein

Elandsbaai

Sandberg

Bo

Redelinghuys

Het Kruis

Citrusdal

Middelberg Pass

Doring

St. Helena Bay

Velddrif

Olifants

Bokfontein

Paternoster

Piketberg

Vredenburg

GreatBerg

Porterville

1666

Lange-
baan

Hopefield

Hottentots-
kloof

Moorreesburg

West Coast
National Park
Weskus Nasionale Park

Tulbagh

Matroosberg
2252

Yzerfontein

Darling

Malmes-
bury

Ceres

Hexrivier-
berge

De Doorns

Dassen
Island

Melkbos-
strand

Paarl Mtn.
729

Wellington

Worcester

Robben Island

Bloubergstrand
und Tableview

Paarl

Greater
Brandvlei Dam

Robert

CAPE TOWN/
KAPSTADT

Weinrouten in
den Winelands

Drakenstein Correctional Centre
Babylonstoren

Tafelberg
Nationalpark

(Hels-
hoogte Pass

Franschhoek

Theewaterskloof Dam

1 Bo-Kaap

Stellen-
bosch

Somerset West
Strand

Greyton

3 Victoria &
Alfred Waterfront

False
Bay

Gordon's Bay

Panoramastra
Garden Route

5 Trendviertel
Woodstock

Klein-
mond

Caledon

6 Lion's Head

Cape of
Good Hope

Cape
Hangklip

Betty's
Bay

Hermanus

Na

1	2	3	4
5	6	7	8
9	10	14

Walker
Bay

Stanford

Elim

Soete
da
v

Gansbaai

De Kelders

Cape